O Setor Financeiro e o Crescimento Sustentável

A nova finança do século XXI

O SETOR FINANCEIRO E O CRESCIMENTO SUSTENTÁVEL
A NOVA FINANÇA DO SÉCULO XXI
AUTORAS
Sofia Santos
Tânia Duarte
EDITOR
EDIÇÕES ALMEDINA, S.A.
Rua Fernandes Tomás, n.os 76-80
3000-167 Coimbra
Tel.: 239 851 904 · Fax: 239 851 901
www.almedina.net · editora@almedina.net
DESIGN DA CAPA
EDIÇÕES ALMEDINA, S.A.
PRÉ-IMPRESSÃO
EDIÇÕES ALMEDINA, S.A.
IMPRESSÃO E ACABAMENTO
DPS - DIGITAL PRINTING SERVICES, LDA
Janeiro, 2019
DEPÓSITO LEGAL
451132/19

ALMEDINA | GRUPOALMEDINA

BIBLIOTECA NACIONAL DE PORTUGAL – CATALOGAÇÃO NA PUBLICAÇÃO
SANTOS, Sofia, e outro
O SETOR FINANCEIRO E O CRESCIMENTO SUSTENTÁVEL:
A nova finança do século XXI
Sofia Santos, Tânia Duarte
ISBN 978-972-40-7664-5
I – DUARTE, Tânia
CDU 336

SOFIA SANTOS
TÂNIA DUARTE

O Setor Financeiro e o Crescimento Sustentável

A nova finança do século XXI

Índice

Lista de figuras

1. Introdução

"The business of moving money is inextricably linked to the movements of raw materials, finished goods, labor, and ultimately, to the quality of our environment ... If we are to achieve sustainable development, we must be prepared to finance it."[1]

SAROKIN and SCHULKIN, 1991

Numa época em que os temas da sustentabilidade, das alterações climáticas, dos resíduos, da bioeconomia, da economia verde e economia circular começam a ser relatados em notícias no *Financial Times*, no The *Economist*, na *Forbes* e no *Barrons*, torna-se evidente que estamos a iniciar um processo de mudança do sistema económico. Estas mudanças sempre ocorreram ao longo dos anos, sendo difícil aceitar essa mudança quando somos agentes ativos no sistema vigente. A capacidade de reconhecer a mudança e de criar o melhor enquadramento para que ela aconteça de forma mais inclusiva possível, constitui sempre um enorme desafio, pois como sabemos, e por vários motivos, a maioria dos seres humanos são aversos à mudança. Por medo, por desconhecimento ou por interesses próprios. Faz parte da natureza humana.

No entanto, numa era em que a tecnologia e a proximidade com que todos estamos uns dos outros devido às tecnologias de informação, esses medos podem ser mais rapidamente esclarecidos. Este livro pretende precisamente contribuir para este esclarecimento: esclarecer os motivos que estão na base da mudança estrutural que o setor financeiro está a passar, identificando as oportunidades que esta mudança pode trazer para toda a sociedade, incluindo para os acionistas tradicionais. Este livro ambiciona também desafiar o setor financeiro Português a acelerar o seu alinhamento com esta mudança, de forma a recuperar a sua legitimidade e competitividade e, acima de tudo, a sua potencial diferenciação.

O livro trata dos temas da *Sustainable Finance*. Traduzir esta expressão para português implica uma perda do significado original da expressão, e como tal usamos ao longo deste livro várias expressões anglo-saxónicas

---

[1] Sarokin, D., and Schulkin, J. (1991). *Environmentalism and the right to know, expanding the practice of democracy,* Ecological Economics, Volume 4.

por considerarmos que exprimem de melhor forma o significado original. É este o motivo pelo qual os prefácios dos autores ingleses apresentados no capítulo seguinte estão também na sua língua original.

A Comissão Europeia define *Sustainable Finance* como "*a provisão de financiamento para investimentos levando em conta considerações ambientais, sociais e de governance. A Sustainable Finance incliu uma forte componente financeira verde que visa apoiar o crescimento económico e em simultâneo: reduzir as pressões sobre o meio ambiente, ter em conta as emissões de gases com efeito de estufa e combater a poluição, minimizar o desperdício e melhorar a eficiência na utilização dos recursos naturais. A Sustainable Finance engloba o aumento da conscientização e transparência sobre: os riscos que podem ter impacte na sustentabilidade do sistema financeiro e a necessidade dos agentes financeiros e corporativos em mitigar esses riscos através de uma governance apropriada*"[2].

É importante o leitor ter esta definição presente ao longo da leitura do livro, bem como o significado da expressão ESG, que significa aspetos ambientais, sociais e de *governance* (*Environmental, Social and Governance*) e que devem ser incluídos na análise de viabilidade de qualquer projeto para além dos aspetos financeiros.

Este livro parte da grande crise financeira como marco para a aceleração das atividades internacionais em prol da *Sustainable Finance.* No entanto também dá um breve sumário sobre alguns dos desenvolvimentos que já se faziam sentir antes da crise financeira, como a existência dos bancos éticos e dos fundos de investimento responsável. Enfatiza os desenvolvimentos mais recentes a nível internacional e que ambicionam catalisar a *Sustainable Finance* em todos os países, como o esforço da UNEP FI em harmonizar o alinhamento do sistema financeiro com a sustentabilidade, a criação dos centros de *Sustainable Finance* em vários países, e o trabalho técnico que o *Financial Stability Board* tem desenvolvido sobre a necessidade das empresas e bancos reportarem como estão a preparar-se para combater os impactes das alterações climáticas, uma vez que esta instituição reconheceu que as alterações climáticas são um risco sistémico para o setor financeiro. O livro apresenta também um capítulo dedicado ao plano de ação da Comissão Europeia para financiar o crescimento sustentável, ou seja, o plano para implementar a *Sustainable Finance* a nível Europeu. Este capítulo pode ser de particular importância para se compreender a profundidade e a rapidez

---

[2] Comissão Europeia (2018). Definição expressa no website da Comissão Europeia específico para a *Sustainable Finance* (Online). Disponível em: https://ec.europa.eu/info/business-economy-euro/banking-and-finance/sustainable-finance.

com que a Comissão está a trabalhar estes temas desde dezembro de 2016. Para além da regulação que esperamos que aconteça num futuro próximo, também damos a conhecer alguns dos produtos financeiros que existem no mercado e que são disponibilizados pelos bancos mais inovadores e mais pró-ativos em matéria de *Sustainable Finance*. Assim, apresentamos um breve sumário sobre as obrigações verdes, empréstimos verdes e fundos sustentáveis, entre outros. A inovação constitui também um fator de mudança estrutura do setor financeiro, e por isso, dedicamos um capítulo à ligação entre algumas das áreas de inovação do setor financeiro e o seu potencial para catalisar a *Sustainable Finance*. Por fim, o último capítulo apresenta uma perspetiva mais pessoal das autoras sobre os desafios que a *Sustainable Finance* traz para o setor financeiro, enfatizando a importância da mudança da cultura bancária para uma em que o propósito do banco e a responsabilidade das suas ações para com a sociedade sejam fatores cruciais da sua estratégia. Um desafio imenso que implica também repensar o propósito dos responsáveis máximos destas instituições bem como as suas obrigações legais.

A *Sustainable Finance* está agora a iniciar o seu processo de implementação de forma mais estruturada sendo ainda prematuro conseguir afirmar como é que este futuro se vai efetivamente definir. Para nos ajudar a imaginar os potenciais futuros da *Sustainable Finance* tivemos a honra de contar com três prefácios de três pessoas com experiências diferentes dentro do setor financeiro. Os seus pensamentos ajudam-nos a compreender a complexidade e a aceitar que esta mudança é inevitável, fazendo todo o sentido sermos agentes ativos na sua definição.

2. Pensar a Banca para o Futuro

2.1. Por Paul Clements-Hunt[3]

Over the next 12 years the road to the mainstreaming of global Sustainable Finance will be a rocky, twisting and, at times, frustrating one. But the pathway is navigable.

The need for Sustainable Finance is self-evident. Private finance deployed at scale with capital markets fully aligned around sustainability disciplines is the only possible route to the delivery – partial or otherwise – of the 17 United Nations Sustainable Development Goals by 2030.

Simply put: private finance and capital is required to address the manifold challenges that undermine sustainable growth, drive pervasive inequality, and accelerate environmental destruction. The public cheque book will simply not suffice.

However, there are no guarantees in life. This includes no guarantees for the type of values-based economic growth required to free up the multiple € trillions a year needed to deliver meaningful development. In his September 2011 report[4] for the United Nations Secretary General, UK's Former Prime Minister Gordon Brown wrote: "*Globalisation is here to stay. But it can be managed well, or managed badly. Our aim is to ensure that globalisation is a force for good. Our objective is to achieve what is eluding the world of today- Sustainable Growth through Wealth Creation and Poverty Reduction.*"

More than ever these words hold true today. Even with the precious gift of genuine economic growth however, there is no guarantee that finance will be allocated effectively and or sustainably. Mainstreamed Sustainable Finance has to be the driving engine if such a vision of sustainable growth is to be realised. Only values-based economic growth will crystallize the finance to create new and overhauled infrastructure globally, deliver the Paris Climate Agreement, and drive new, job creating industries worldwide.

---

[3] Paul Clements-Hunt, CEO The Blended Capital Group, Head of UNEP Finance Initiative (2000-2012), e Founding Board Member UNPRI (2006-2012)

[4] "Achieving Sustainable Growth, Wealth Creation and Poverty Reduction," presentation to the UNSG's High Level Panel on Sustainability by Rt Hon Gordon Brwon MP, UNHQ, Sunday 18th September, 2011.

The greatest challenge to the rise of Sustainable Finance as a mainstream force for a low carbon, equitable and values- based economic transition are twofold:

- firstly, the intermittent intensity and faltering political will at global, regional and national levels to accelerate the macro changes in the economic systems that underpin financial flows and align them more concretely with sustainable development; and
- secondly, a philosophy and culture, which is the antithesis of sustainable, that tenaciously pervades the finance sector in an age of global financialization.

It is not all bad news. Efforts to address these two primary challenges to Sustainable Finance, from policy, regulatory and voluntary standpoints, have proliferated across the multi-lateral, national and sectoral spectrums for the past two decades. At the apex of the system the G20 mandate for the Financial Stability Board (FSB) to create a Taskforce for Climate Related Financial Disclosure (TCFD) when coupled with the unfolding Integrated Reporting revolution could be a game changer by 2030. The European Union work on the greening of the financial system is also an important landmark.

Such visionary developments built on decades of Sustainable Finance and responsible investment work covering multiple initiatives, amongst others: UNEP Finance Initiative (1992); the Equator Principles (2003); the United Nations-backed Principles for Responsible Investment (2006); the Principles for Sustainable Insurance (2012); the UNEP Inquiry (2013) into a sustainable financial system; and now UNEP FI's Principles for Positive Impact Finance (2017), all playing their part. Remarkably in July 2018 the world's sovereign wealth funds (SWFs) launched their own One Planet Climate Framework with six founding members, including five of the largest oil and gas backed SWFs, as the firmest of investor signals to the market.

A myriad of other influential developments, global, regional, national and thematic, too numerous to mention by name, have built our understanding of how finance relates to a broad array of issues covering climate, diversity, biodiversity, governance, human rights, human capital and conflict.

We have witnessed 12 years of the environmental, social and governance (ESG) revolution that took hold in April 2006 when the late UNSG Kofi Annan launched the UN-backed PRI from the iconic balcony of the New York Stock Exchange. There's no question that Sustainable Finance by 2030 will mature from where it stands in 2018.

More finance and investment products across more asset classes will be built and offered to markets that will support better corporate disclosure, market metrics for ESG, the integration of ESG into Fintech and clear correlations to impact. Equally, assets under management aligned with Sustainable Finance disciplines will increase dramatically in the next decade.

However, the ultimate question is whether Sustainable Finance can achieve the scale, momentum and systems-wide take up by 2030 that will drive the transition towards Gordon Brown's vision of Sustainable Growth?

The deep roots of the two aforementioned challenges to Sustainable Finance were captured – in a timeless observation on human nature – by the late Canadian economist J.K. Galbraith when he wrote in his 1954 analysis of The Great Crash of 1929:

> *"But now, as throughout history, financial capacity and political perspicacity are inversely correlated. Long-run salvation by men of business has never been highly regarded if it means disturbances of orderly life and convenience in the present. So inaction will be advocated in the present even though it means deep trouble in the future. Here, at least equally with communism, lies the threat to capitalism. It is what causes men who know that things are going quite wrong to say that things are fundamentally sound.*[5]*"*

This book is a timely and most welcome contribution helping to highlight a pathway for global finance's contribution to Sustainable Development.

Let's work to ensure that the clock has permanently turned on Mr Galbraith's observation, so that the relationship between financial capacity and political perspicacity becomes correlated in a manner that is needed to deliver a sustainable planet.

2.2. Por Nick Robins[6]

New Frontiers in Sustainable Finance

Living in Unthinkable Times

We are living in unthinkable times. The unimaginable heat across the Northern hemisphere in the summer of 2018 reminds us once again of the huge costs that even moderate levels of global warming can bring. If there's one

[5] J.K.Galbraith,1954,"The Great Crash of 1929."

[6] Nick Robins, Professor in Practice – Sustainable Finance at LSE's Grantham Research Institute and Special Adviser in Sustainable Finance, UN Environment.

message from that scorched earth summer, it is we need to accelerate the transition to a zero-carbon and resilient economy.

For this, we have to harness the full capacity and expertise of the financial system. Here there is momentum across the board – with developments underway that would have been unthinkable just a few years ago.

New markets are powering ahead. We now have over $80 trillion in assets under management committed to integrating environmental, social and governance factors through the Principles for Responsible Investment. We have new markets being created not least in the fixed income space, with US$389bn in green bonds just 10 years after the first issuance back in 2008. But as we know from our diets, simply eating greens alone doesn't do the job. We also need to cut out the carbs and in Sustainable Finance this means reallocating capital away from increasingly high-risk carbon intensive assets.

Divestment is one strategy for doing this; shareholder engagement to redirect retained earnings to green opportunities is another. One of the concerns investors have had is how to withdraw from carbon assets without affecting tracking error against conventional benchmarks. Investment pioneer Jeremy Grantham has recently examined the evidence in an article for the LSE's Sustainable Finance Leadership series. His conclusion illustrated in this chart is that "if investors take out fossil fuel companies from their portfolios, it will have very little effect and is just as likely to be positive by 17 basis points as negative"[7].

This conclusion would have been unthinkable a couple of years back. Now it is becoming part of the new norm of Sustainable Finance.

[7] Grantham, J. (2018), *The mythical peril of divesting from fossil fuels*, part of the Sustainable Finance Leadership Series, LSE and Grantham Research Institute on Climate and the Environment, 13 June.

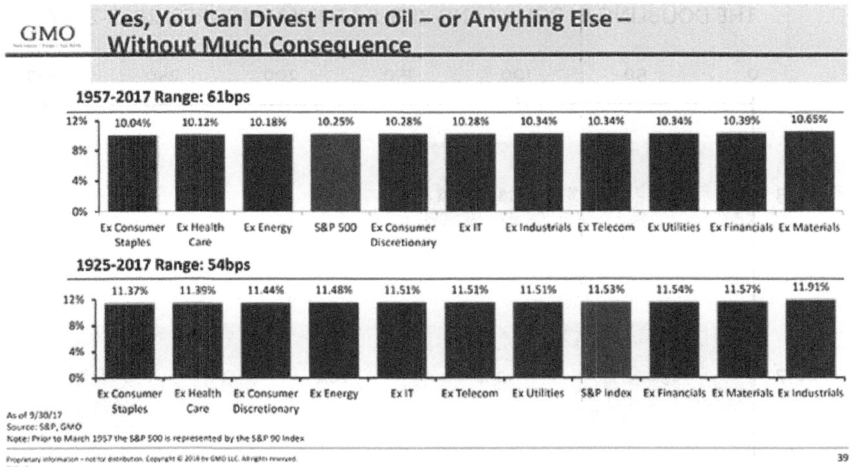

Figura 1. The consequences of divestment from Oil or from any other sector

A doubling of green finance policies and measures in the past 4 years

Policymakers and regulators are also sending signals about how climate and sustainability factors will be managed in the financial system that also earn the tag 'unthinkable'. I was delighted to be co-director of UN Environment's Inquiry into the Design of a Sustainable Financial System for four years. Our final report concluded not just that a sustainable financial system needs to be a shared goal, but that steps towards this are already underway. Indeed, the number of measures to take account of climate and sustainability factors in financial policy and regulation doubled between the end of 2013 and the end of 2017. Strikingly, the biggest shift has been the introduction of a growing number of system-wide initiatives, not least China's wide-ranging strategy for green finance, the EU's action plan on Sustainable Finance and, most recently, Canada's expert group on Sustainable Finance. All of these look beyond individual issues and asset classes and seek to move the system as a whole[8].

[8] UNEP Inquiry (2018) *Greening the rules of the game - How Sustainability factors are being incorporated into financial policy and regulation*, May.

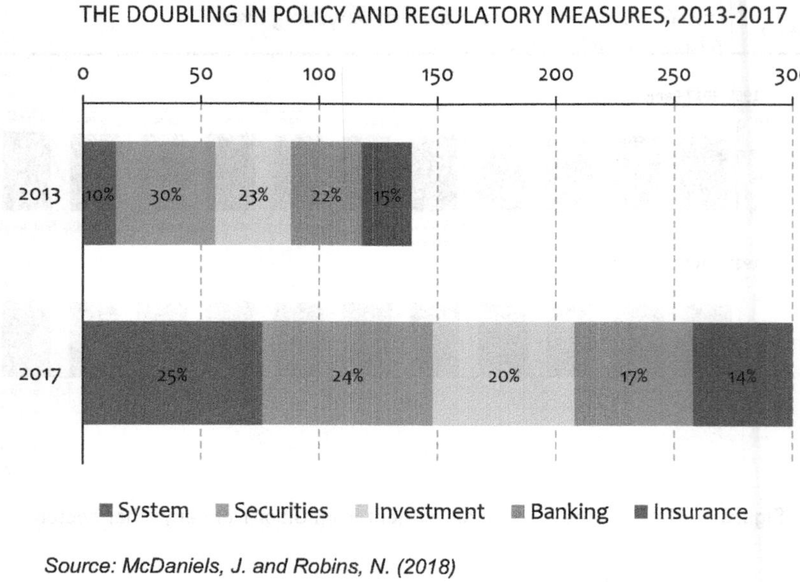

Figura 2. The doubling in Policy and Regulatory Measures, 2013-2017

Green Finance is a Team Sport not a Solo Race

This shift is leading to new roles for central banks and supervisors. Here, a growing number of 'policy entrepreneurs' are emerging. One of these is Frank Elderson, board member of the Dutch central bank, DNB. Following the financial crisis of 2008, DNB broadened its mandate to focus on 'sustainable prosperity' and has since been focusing on the implications, focusing on climate change risks. Importantly, international cooperation is key to progress among central bankers as it is for green bond growth.

Here, another unthinkable initiative is gaining traction, the new central bank and financial supervisor Network for Greening the Financial System. Launched at the 2017 One Planet Summit, the NGFS aims "*to manage risks and to mobilise capital for green and low-carbon investments in the broader context of environmentally sustainable development.*"[9]

Its membership continues to grow and now has 13 leading public authorities, including Banco de España, Banco de México, Bank Al Maghrib, Bank of England, Banque de France/Autorité de contrôle prudentiel et

[9] Elderson F. (2018), *From mission to supervision: putting sustainable prosperity on the agenda of the Dutch Central Bank*, LSE and Grantham Research Institute on Climate and the Environment, 4 July.

de résolution (ACPR), Bundesanstalt für Finanzdienstleistungsaufsicht (BaFin), De Nederlandsche Bank, Deutsche Bundesbank, European Central Bank, Finansinspektionen (Swedish FSA), Monetary Authority of Singapore, Oesterreichische National Bank, and the People's Bank of China. The Network is currently focused on three workstreams: micro-prudential supervision; macro-financial management; and scaling up green finance[10].

Frank Elderson is also the chair of NGFS and in his article for LSE's Sustainable Finance Leadership Series, Frank Elderson stressed the importance of this shared way of working, arguing "I cannot stress the importance of these activities enough. The stability of the financial system and climate change are issues that, by their very nature, cross borders. Greening the financial system is not an individual race, but rather a team effort."

Financing the Just Transition

As both investors and regulators work through the strategic implications of climate change and sustainable development, there is growing awareness that a silo'd approach doesn't really work. Close linkages exist between taking action on climate and the other 16 Sustainable Development Goals. In fact, it's becoming increasingly clear that while climate change can easily be classified as an environmental issue, the transition to a zero-carbon, resilient and sustainable economy is actually a process of structural change. This brings with it a host of economic and social opportunities and risks.

At a macro level, it's clear that the benefits of the transition will far outweigh the costs. Managed well, the transition will generate additional high-quality jobs and reduce inequality. But there will still be significant transitional implications for key sectors, regions and countries. Poorly managed, this could result in "stranded workers" and "stranded communities" as well as "stranded assets," slowing the transition itself, while contributing to economic stagnation and potential instability.

To overcome this challenge, the goal of a just transition for workers and communities was included as part of the Paris Agreement on Climate Change. A growing number of trade unions, governments and businesses are now taking action to make this a reality – in essence, delivering decarbonisation with inclusion. Over the past year, leading investors have recog-

---

[10] Banque de France (2018) *Publication of the mandates of the NGFS technical workstreams and expansion of the NGFS membership*, 29 May (Online). Disponível em: https://www.banque-france.fr/en/communique-de-presse/publication-mandates-ngfs-technical-workstreams-and-expansion-ngfs-membership.

nised the need to take action too. So far, however, there is a lack of robust analytics and guidance to enable investors to play an effective role.

The Investing in a Just Transition initiative aims to fill this gap. Designed by the Grantham Research Institute at the London School of Economics and the Initiative for Responsible Investing at the Harvard Kennedy School the initiative aims to make the case for investor action and set out practical options for action. Importantly, the initiative is being delivered in partnership with the UN-backed Principles for Responsible Investment as well as the International Trade Union Confederation.

Already a compelling case for investor action is emerging, connecting issues of systemic risk, material value drivers, beneficiary interests and alignment with societal goals such as the SDGs. Equally, an investor roadmap is becoming clear, involving integration in investment strategy, shareholder engagement, capital allocation plans (such as green bonds targeted in high-carbon regions as well as policy advocacy and place-based partnerships. A first discussion paper has been released and an investor guide will be launched at the 2018 climate COP in Katowice[11].

Once again, this investor focus on the just transition is a sign of Sustainable Finance becoming more mature, rising to the challenge of the unthinkable times we live in. If we take pride in the achievements we have made and understand the scale of the transformation still required, we will be able to make the financial system a positive force for achieving the sustainable development goals ahead of the target date of 2030.

This volume will enable readers in the financial sector and beyond identify the role they can play in this critical mission for the coming years.

2.3. Por Fernando Faria de Oliveira

As últimas décadas da História da Humanidade correspondem a uma época de progresso ininterrupto, em todos os domínios: a produção mundial quadruplicou nos últimos quarenta anos e as classes médias alargaram-se em todos os continentes (ainda que subsistam desigualdades consideráveis), com a economia de mercado a demonstrar a sua inegável superioridade na criação de riqueza face a outros modelos, sendo mesmo adotada em regimes

[11] Robins, N. et al. (2018), *Investing in a just transition, Why investors need to integrate a social dimension into their climate strategies and how they could take action*, Grantham Research Institute on Climate Change and Environment and the Environment and the Centre for Climate Change Economics and Policy, June (identificado nas próximas notas de rodapé como Robins et al., *Just Transition*).

autoritários e comunistas; o nível de educação das populações, a expansão do conhecimento e da informação, as descobertas da ciência e a inovação tecnológica registaram avanços notáveis; os cuidados de saúde e a inerente esperança de vida melhoraram significativamente.

Mas este progresso, que proporcionou benefícios tão tangíveis, também contribuiu para agravar algumas situações geradoras de ameaças, nomeadamente a nível de sustentabilidade económica, social e ambiental.

A sustentabilidade do crescimento económico é imprescindível para poder corresponder às legítimas aspirações dos cidadãos, de mais rendimentos, de melhor qualidade de vida e de uma segurança social capaz de responder aos desafios provocados pelo envelhecimento das populações e por assimetrias demográficas sensíveis.

A sustentabilidade social implica a diminuição das desigualdades, só possível através da criação de mais riqueza e da sua melhor distribuição, contribuindo, naturalmente, para a estabilidade política, num contexto de crescente populismo à escala global.

A sustentabilidade do planeta envolve diferentes questões ambientais. As alterações climáticas não resultam apenas de fenómenos naturais, não controláveis, mas também, e crescentemente, de decisões e processos desencadeados pelo homem. A concentração atmosférica de CO_2, o esgotamento de recursos, a degradação ambiental, são exemplos de ameaças que requerem ação responsável e imediata.

Poderes públicos, instituições e cidadãos devem assumir as suas responsabilidades para com as gerações futuras e, felizmente, assistimos a uma cada vez maior sensibilização para estas questões. Há um compromisso estabelecido à escala mundial para uma transição para um modelo de economia sustentável. A ONU, a OCDE, a UE e uma larga maioria de nações e de entidades assumem, cada vez mais, a necessidade de adoção de princípios e critérios de sustentabilidade ambiental na condução das economias e nos modelos de negócio.

O sistema bancário, numa economia *bank – financed,* como a nossa, desempenha um papel crucial no financiamento de projetos de investimento e de empresas. Nas suas políticas e práticas de concessão de crédito, os bancos começam a aplicar critérios de sustentabilidade ambiental e a oferecer produtos financeiros verdes.

A atividade bancária funda-se em três pilares: responsabilidade social e fiduciária, risco e confiança. A influência dos novos valores ambientais, sociais e de governação faz-se sentir em todos eles.

Para enfrentar os enormes desafios que este novo paradigma encerra, os bancos devem incorporar a dimensão da sustentabilidade na sua estratégia, cumprindo uma exigência de responsabilidade perante a sociedade, adotando normas apropriadas nos seus modelos e critérios de risco e incrementando a relação de confiança com os cidadãos.

É necessário um compromisso de todos os atores ao longo da cadeia financeira, que corresponda ao desejo dos cidadãos e dos investidores de ver o seu dinheiro utilizado com responsabilidade em prole de um desenvolvimento sustentável.

No período pós-crise, que coincide com uma nova era para a banca, as instituições de crédito vêm desenvolvendo uma *governance* centrada num modelo de negócio que visa não apenas objetivos de rentabilidade de médio ou longo prazo, mas, ao mesmo tempo, contempla o seu impacte na sociedade e no ambiente, numa ótica de otimização simultânea de valor económico e de bem-estar social.

O financiamento sustentável tem também de ser devidamente tratado pelas autoridades políticas e regulatórias. Financiar a Europa do amanhã, acelerando o desenvolvimento sustentável e desbloqueando os (avultadíssimos) meios necessários à sua prossecução, implica que seja definida uma taxonomia comum do que é verde, um conjunto de princípios e de *standards* mínimos ao nível da divulgação de informação não financeira, rótulos harmonizados para produtos e instrumentos financeiros verdes, uma regulamentação consistente, evolutiva e equilibrada para o financiamento do investimento sustentável.

Assume, também, particular relevância a criação de incentivos e medidas que visem uma alocação apropriada do crédito por parte dos bancos que, alinhando os conceitos de risco e crescimento sustentável e inclusivo, promovam o financiamento dos investimentos necessários para assegurar a transição para uma economia de baixo carbono. O quadro regulatório e de supervisão do sistema bancário europeu deve reconhecer o risco ambiental e contemplar as implicações prudenciais dos "investimentos e ativos verdes", bem como dos que se encontram na dimensão oposta do espetro ambiental.

Neste contexto, "O Sector Financeiro e o Crescimento Sustentável – A nova finança do século XXI", é de evidente oportunidade.

Sofia Santos e Tânia Duarte têm um conhecimento aprofundado e são defensoras convictas da causa da sustentabilidade e, em particular, do financiamento verde. Este livro, que descreve em 8 capítulos o que de essencial se tem vindo a construir, a nível mundial, para assegurar o desenvolvimento sustentável e, designadamente, o papel de uma banca responsável no seu financiamento, constitui uma ferramenta de trabalho de inegável valor para os profissionais do sector, para os académicos e para os políticos e um instrumento de apoio para todos os cidadãos empenhados num mundo melhor.

3. A Agenda Internacional para o Crescimento Sustentável

A agenda internacional ao nível da sustentabilidade é complexa, detalhada e com muitas estratégias e planos de ação em várias áreas como: energia, biodiversidade, oceanos, bioeconomia, infraestruturas verdes, resíduos, economia circular, economia verde, etc.

Apesar desta agenda ser repleta de temas que carecem de políticas públicas implementadas e de um setor privado capaz de identificar e desenvolver as oportunidades de mercado associadas, neste livro iremos focar o contexto da agenda internacional em cinco temas: os Objetivos para o Desenvolvimento Sustentável, o Acordo de Paris, a Economia Verde, a Economia Circular e a Bioeconomia. Acreditamos que estes temas fornecem o enquadramento necessário para que se compreenda a ligação que existe entre os temas ambientais, a economia e os aspetos financeiros.

3.1. Objetivos para o Desenvolvimento Sustentável

Os Objetivos para o Desenvolvimento Sustentável (ODS) constituem a Agenda mundial de desenvolvimento para 2030. Resultado de um diálogo entre vários stakeholders a nível mundial, os ODS representam uma visão do mundo comum e partilhada pelos seus signatários. Numa era em que a robótica, a digitalização e a inteligência artificial irão provocar mais uma mudança na forma como as organizações funcionam, é essencial desenvolver todo o esforço para garantir que o Humanismo e o respeito pelo Ambiente estão presentes a nível internacional, nacional e local. Os ODS estabelecem a *framework* para um crescimento sustentável, juntando assim, e pela primeira vez, os temas sociais, ambientais, económicos, de inovação e institucional numa única visão. Foram identificados 17 objetivos com 169 metas que devem ser o alvo da política pública dos países e das estratégias empresariais do setor financeiro.

Os ODS afirmam que os países e as empresas devem desenvolver as suas estratégias de desenvolvimento tendo em conta o bem-estar das pessoas, a prosperidade, o planeta, a paz e as parcerias. Os ODS ambicionam criar um novo modelo global de desenvolvimento económico para acabar com

Figura 3. Os Objetivos para o Desenvolvimento Sustentável

a pobreza, promover a prosperidade e o bem-estar de todos, proteger o ambiente e combater as alterações climáticas. Ambicionam também promover um novo modelo de gestão empresarial, onde o Humanismo e o respeito pela natureza possam constituir fatores intrínsecos do desenvolvimento e da estratégia de qualquer negócio. Os negócios devem assim contribuir para o bem-estar das pessoas, para a prosperidade, para o planeta, para a paz e para as parcerias, como está ilustrado na Figura 4. Uma abordagem muito diferente daquela que foi difundida desde os anos 80 sobre o papel da empresa: do lucro de curto-prazo e a qualquer custo, para uma prosperidade de médio e longo prazo onde o respeito pelas pessoas e pelo ambiente são essenciais para a continuidade desse lucro, agora mais iluminado e com um carácter mais social. Esta ambição de mudar a forma como medimos o sucesso, também se estende à escala nacional. Os 17 ODS podem ser vistos como as rúbricas que poderiam constituir o referencial para medir o Produto Interno Bruto (PIB). Na realidade, a própria Comissão Europeia já reconheceu que o PIB não é a medida ideal para mensurar o bem-estar de um país, uma vez que não inclui uma contabilização dos ativos e passivos ambientais e sociais. Assim, e em jeito de desafio, podemos pensar nos ODS como as variáveis de um futuro PIB, que por sua vez, dariam origem a um outro Valor Acrescentado Bruto e a uma outra medida de Proveito para as empresas.

Adaptado de: Business and the United Nations (2015) *Working Together Towards the Sustainable Development Goals: A Framework for Action*. Tradução realizada pelas autoras.

Figura 4. Os ODS e o seu propósito

Os ODS foram subscritos em 2015 por mais de 150 países, sendo pedido a cada país que reporte como é que as suas políticas estão a responder aos objetivos e às metas. Em Portugal, o Instituto Nacional de Estatística está a desenvolver trabalho nesta recolha de informação, existindo ainda vários indicadores para os quais é necessário recolher informação primária, uma vez que se trata de um processo recente. Vários estudos internacionais vão surgindo, comparando e atribuindo um ranking aos países de acordo com a forma como vão ou não respondendo às metas dos ODS. Por exemplo, o estudo intitulado "*SDG Index and Dashboards Report 2017*" que contou com Jeffrey Sachs como um dos autores, analisou 157 países relativamente à forma como estavam a contribuir para as metas dos ODS e atribuiu a Portugal o lugar 28, tendo a Suécia, Dinamarca e Finlândia atingido o primeiro, segundo e terceiro lugares do ranking, respetivamente[12].

É assim de esperar que, ao lado dos vários índices e rankings que classificam o desempenho dos países e que contribuem para a atribuição dos níveis de risco dos países, os ODS passem também a constituir uma *framework* útil e interessante para os investidores privados e multilaterais.

Atingir as metas dos ODS implica desenvolver um conjunto de soluções a nível mundial que possam ser implementadas, usadas e adquiridas pelas populações. Um estudo promovido pela *Business & Sustainable Development Commission*, calculou que as oportunidades de negócio criadas pelos ODS

[12] Sachs, J., Schmidt-Traub, G., Kroll, C., Durand-Delacre, D. and Teksoz, K. (2017) *SDG Index and Dashboards Report 2017*, New York: Bertelsmann Stiftung and Sustainable Development Solutions Network (SDSN).

podem representar, pelo menos, 12 mil milhões de dólares[13] e a criação de 380 milhões de novos empregos até 2030.

Assim, e apesar das empresas não terem qualquer obrigatoriedade em subscrever os ODS, existe toda uma agenda internacional que está a induzir e a pressionar as empresas para que estas incorporem nas suas estratégias de crescimento, os ODS. Esta pressão resulta do reconhecimento que as empresas são um parceiro essencial para se atingir os ODS. Citando Ban Ki-moon, Secretário Geral das Nações Unidas à data do lançamento dos ODS: "*As empresas podem contribuir através das suas atividades principais e instamos as empresas do mundo inteiro a avaliar os seus impactes, definir objetivos ambiciosos e comunicar os resultados de forma transparente.*"

Também António Guterres, atual Secretário Geral das Nações Unidas enfatizou em Davos em 2016 a importância das empresas para os ODS:

> "*Porque sem o setor privado não teremos a inovação necessária, não teremos a capacidade necessária para descobrir novos mercados, novos produtos, novos serviços e poder desenvolver novas áreas na economia. Sem o setor privado, não criaremos empregos suficientes, não traremos dinamismo e estabilidade suficientes para as sociedades que precisam ser melhoradas com a implementação dos Objetivos de Desenvolvimento Sustentável.*"
>
> ANTÓNIO GUTERRES, Secretário-Geral das Nações Unidas
> Davos, Suíça, 19 janeiro 2016

Neste sentido, muitas empresas multinacionais, internacionais e portuguesas estão a identificar os ODS prioritários, tendo em conta os impactes ambientais e sociais da sua cadeia de valor e do seu negócio, e identificar novos produtos e serviços que consigam ajudar a atingir o desenvolvimento sustentável que é ambicionado pela Agenda 2030.

Um dos grandes temas agora vigente a nível internacional está relacionado com o financiamento que é necessário para a implementação dos ODS. Como já vimos os ODS constituem também oportunidades de inovação e de identificação de novos produtos e serviços que são necessários para que certos problemas sociais e ambientais sejam diminuídos. Mas são produtos e serviços novos, criados com um propósito também social e ambiental, o que, de início, não se coaduna com a linguagem tradicional da maioria do

---

[13] Ao longo do livro, os valores apresentados em dólares correspondem a dólares americanos e os valores apresentados em libras correspondem a valores em "*Great British Pounds*".

setor financeiro. Assim, existe um crescente interesse e pressão da comunidade internacional para que o setor financeiro também alinhe com esta ambição e consiga compreender a utilidade em promover investimento em produtos e projetos que contribuam para os ODS.

Alguns bancos internacionais estão-se a alinhar com esta corrente, tendo já identificado alguns dos ODS como prioritários para o seu negócio e para a sua estratégia:

- O Banco Credit Suisse identificou como ODS prioritários: ODS 4, ODS 8, ODS 11 e o ODS 15;
- O City Bank identificou como ODS prioritários: ODS 5, ODS 7, ODS 8, ODS 9, ODS 11, ODS 13 e o ODS 17;
- O ING Bank identificou como ODS prioritários: ODS 8 e o ODS 12.

Seria assim interessante começar a ver os Bancos em Portugal também a divulgarem os seus ODS prioritários, e a promoverem uma política de investimento em consonância.

3.2. O Acordo de Paris[14]

Outro dos temas muito relevante na agenda internacional é o Acordo de Paris que exprime o compromisso da Humanidade em baixar as emissões de CO_2 de forma a combater os efeitos das Alterações Climáticas.

Em 2015 tivemos também o marco histórico do Acordo de Paris, que agregou a concordância de 197 países. O Acordo entrou em vigor a 4 de novembro de 2016, trinta dias após a data em que pelo menos 55 países ratificaram nacionalmente o acordo, sendo responsáveis pelo menos por 55% do total das emissões globais de gases com efeito de estufa. Até ao final de 2018, o Acordo tinha sido ratificado por 179 países, o que evidência uma concordância mundial sobre a importância e a urgência de baixarmos as emissões de CO_2.

Com o Acordo de Paris, os países acordaram em atingir a neutralidade carbónica decorrente das atividades humanas no final do século XXI. De notar que neutralidade carbónica não significa não emitir CO_2, até por-

[14] Para informação mais detalhada, consultar: Rocha, I. e Santos, S. (2018) *A Chance to Change – O Acordo de Paris e o Modelo de Crescimento Verde*, Plátano Editora.

que isso não seria possível. Significa sim que as emissões produzidas pela atividade humana têm de baixar, e aquelas emissões que não são possíveis eliminar devido a restrições tecnológicas, necessitam de ser sequestradas pela natureza de forma a que o balanço final seja nulo. Assim, para que este balanço aconteça, é necessário por um lado baixar as emissões de CO_2 das atividades humanas e por outro aumentar a capacidade de sequestro das emissões que não se conseguem evitar através dos sumidouros naturais de carbono como os solos, a floresta e os oceanos. O debate acerca de possíveis sumidouros não naturais constitui também um tema muito atual ao nível do desenvolvimento tecnológico, uma vez que pode constituir uma potencial solução para alguns dos setores com maiores impactes nas emissões.

O Acordo de Paris tem como objetivos:

- limitar o aumento da temperatura global até 2°C no e tentar não ultrapassar os 1.5°C relativamente aos níveis pré-industriais (1880-1899);
- atingir um equilíbrio entre as emissões de CO_2 e a remoção das emissões de CO_2 produzidas pela atividade humana na segunda metade do século XXI;
- melhorar a capacidade dos estados, empresas e cidadãos em se adaptarem ao facto de, pelo menos, existir o aumento de 1,5°C ou 2°C no final do século;
- fazer com que exista fluxos de financiamento que sejam compatíveis com o Acordo de Paris.

A necessidade do Acordo de Paris prende-se com a gravidade humana e financeira de nada fazer contra as alterações climáticas. Na realidade, entre 2000 e 2016, as catástrofes relacionadas com o clima verificadas anualmente a nível mundial aumentaram 46%. Como tal, os impactes financeiros e das perdas económicas resultantes de fenómenos meteorológicos extremos a nível mundial, aumentaram também significativamente, cerca de 86% entre 2007 e 2016, atingindo os 117 mil milhões de euros em 2016[15]. Atendendo aos impactes que as alterações climáticas podem ter no planeta, torna-se assim fundamental identificar as ações que deverão ser tomadas para evitar esse cenário. Essas ações passarão em grande parte pela restrição de desenvolvimento de alguns setores associados aos combustíveis fósseis, como também pela inovação tecnológica que permita desenvolver produtos, serviços

---

[15] Comissão Europeia (2018) *Plano de Ação: Financiar um crescimento sustentável.*

e processos que permitam um crescimento económico, mas com menores emissões de CO_2.

O Acordo de Paris prevê que os países signatários tenham de fixar metas para reduzir as emissões de carbono em 50% até 2050 e em 100% até 2100, ou seja, os países signatários concordaram em atingir a neutralidade carbónica decorrente das atividades humanas, até ao final do século XXI. Estas metas têm de ser comunicadas/atualizadas e avaliadas a cada 5 anos, sendo que novas metas devem ser mais ambiciosas do que as definidas em anos anteriores e devem incluir progressivamente mais setores de forma a que a economia esteja toda coberta. Toda esta informação será colocada num registo público da Convenção existindo assim um esforço pela transparência e pelo reporte efetivo das medidas e dos seus resultados.

A Comissão Europeia afirma que para fazer a transição, a UE precisaria investir um adicional de 270 mil milhões de euros anualmente (ou, em média, 1,5% do seu PIB anual) nas próximas quatro décadas. O mercado é assim significativo. Estes investimentos serão necessários para a promoção de inovação, tecnologias e também para a construção e manutenção de infraestruturas sustentáveis. Algumas das áreas que vários estudos identificam como potenciais são: eletrificação (usando energias: hídrica, vento, solar, biomassa e geotermal), uso de combustíveis de baixo carbono e de gás natural na fase de transição, equipamentos para promover a conservação da energia e a eficiência energética com particular foco nos edifícios, produção das Smart grids nas cidades e entre países, uso de veículos elétricos e híbridos, promoção da eletrificação e melhoria dos usos da energia: adaptação das autoestradas para automação e robotização; no aumento de veículos elétricos; na aposta em tecnologias de informação e engenharia e na gestão do lado da procura; Sequestro, armazenamento e uso de carbono; Carbono como matéria prima e Bioeconomia (circular)[16].

Na realidade, os investimentos do próximo quadro comunitário pós 2020, irão focar-se muito na promoção de uma economia verde, de baixo carbono e circular, uma vez que 25% das despesas da UE contribuirão para a ação climática.

[16] Fontes: Projeto Meet2030 (www.meet2030.pt); e conferência "Low Emissions Solutions", organizada pelo *World Business Council for Sustainable Development* em parceria com o Governo de Marrocos, com *UN Sustainable Development Solutions Network* (SDSN) liderado por Jeofrey Sachs e com o ICLEI-*Local Governments for Sustainability* (ICLEI), que ocorreu na COP 22 em Marraquexe em 2016.

Em maio de 2018, a Comissão Europeia apresentou as suas propostas para a modernização e reforma da política de coesão no pós 2020, identificando cinco prioridades:

1. Uma **Europa mais inteligente**, através da inovação, digitalização, transformação económica e apoio a pequenas e médias empresas;
2. Uma **Europa mais verde** e de baixo carbono, implementando o Acordo de Paris e investir na transição energética, nas energias renováveis e na luta contra as alterações climáticas;
3. Uma Europa mais conectada, com transporte estratégico e redes digitais;
4. Uma Europa mais social, cumprindo o Pilar Europeu dos Direitos Sociais e o apoio a empregos de qualidade, educação, habilidades, inclusão social e igualdade de acesso aos cuidados de saúde;
5. Uma Europa mais próxima dos cidadãos, **apoiando estratégias de desenvolvimento lideradas localmente, com desenvolvimento urbano sustentável** em toda a UE.

Citando informação disponível nos websites da Comissão Europeia[17], a maioria dos investimentos do Fundo Europeu de Desenvolvimento Regional e do Fundo de Coesão serão orientados para: **uma Europa mais inteligente e uma Europa mais verde**. Além do mais, **os Estados-membros investirão 65 a 85% das suas dotações ao abrigo dos dois fundos para essas prioridades**, dependendo da sua riqueza relativa.

É assim evidente que uma grande fatia dos investimentos futuros induzidos pela Comissão Europeia pretendem acelerar a transição para um modelo de crescimento verde e de baixo carbono. Cabe aos bancos compreenderem o novo modelo económico que está a ser construído e alavancar o financiamento comunitário através da promoção de crédito que se destinem a desenvolver e implementar projetos, produtos e serviços que promovam uma economia verde, de baixo carbono e com baixos níveis de resíduos.

---

[17] Comissão Europeia (2018) *Comunicado de Imprensa sobre Orçamento da UE: Desenvolvimento regional e Política de Coesão para além de 2020.*

3.3. Economia Verde[18]

A Economia do futuro será uma economia verde. A "economia" só per si, não chega para garantir um desenvolvimento e uma sociedade próspera no longo prazo. De acordo com as Nações Unidas, uma Economia Verde é "*Aquela que resulta na melhoria do bem-estar humano e da equidade social reduzindo, em simultâneo, significativamente os riscos ambientais e a escassez ecológica. Na sua expressão mais simples, uma economia verde pode ser pensado como uma economia de baixo carbono, eficiente no uso recursos e socialmente inclusiva*"[19].

O conceito de Economia Verde surgiu com mais expressão na agenda internacional quando, em março de 2009, as Nações Unidas lançaram o documento "*A Global Green New Deal*", onde defendiam que a recuperação económica pós crise financeira global deveria ser feita com uma injeção de capital público e privado em atividades que promovessem a economia verde. No rescaldo da crise financeira, este documento futurista defendia que estávamos perante uma oportunidade única de criar a base de uma Economia Verde, que fosse capaz de alocar capital natural e capital financeiro de uma forma bastante mais efetiva e eficiente no futuro. Esta visão foi apoiada por estimativas numéricas, nomeadamente: "*Um estudo recente desenvolvido pela UNEP, defende que um investimento de um por cento do PIB global nos próximos dois anos poderia fornecer o montante necessário de infraestruturas verdes para tornar a economia global mais verde*"[20]. Em concreto o documento afirma que "*Os objetivos gerais do Global Green New Deal deveriam contribuir para os esforços multilaterais e nacionais para fazer face à atual crise financeira e seus impactes sociais, económicos e ambientais, incorporando em simultâneo a preocupação em resolver os desafios e ameaças que ameaçam a sociedade a médio prazo devido às alterações climáticas, à alimentação, ao combustível e aos problemas da água*"[21] . Defendia-se, portanto, que os estímulos fiscais, bem como outras políticas públicas que fossem desenvolvidas de forma a contribuir para a saída da crise financeira, tivessem como alvo as seguintes áreas:

- promoção da Eficiência Energética dos Edifícios;
- promoção de Transportes Sustentáveis;

---

[18] Para informação mais detalhada consultar: Santos, S. (2016) *Introdução á Economia Verde*. Plátano Editora.

[19] UNEP (2011) *Towards a Green Economy: Pathways to Sustainable Development and Poverty Eradication*.

[20] UNEP (2009) *Global Green New Deal*, Policy Brief.

[21] Idem.

- promoção de Energia Sustentável;
- promoção de Agricultura Sustentável e de tecnologias e técnicas para melhoria da eficiência da utilização da água;

Para que isto acontecesse seria necessário, a nível nacional, que os países:

- melhorassem a sua legislação ambiental;
- reduzissem ou eliminassem subsídios perversos ao ambiente;
- conseguissem desenvolver de forma séria um sistema de contabilidade ambiental económica, que possibilitasse a existência de informação comparável entre países, de forma a:
  - o monitorizar os impactes dos pacotes de estímulo que vão surgindo a nível na economia verde;
  - o divulgar informação que seja útil à tomada de decisão quer pública quer privada;
  - o compreender os impactes das medidas desenvolvidas ao nível da redução da pegada carbónica, da degradação dos ecossistemas e da desmaterialização da economia;
- Etc.

Após a publicação do documento "*A Global Green New Deal*", as Nações Unidas criaram e dinamizaram a "Iniciativa para a Economia Verde"[22], e têm desenvolvido vários workshops, conferências e documentos muito úteis para o desenvolvimento de políticas públicas "Verdes", bem como na identificação de indicadores que possam medir essas políticas.

Em Portugal, o XIX Governo Constitucional (2011-2015) deu continuidade a este tema, tendo dinamizado a iniciativa Compromisso para o Crescimento Verde que agregou organizações de vários setores em prol da implementação de um modelo económico onde a componente ambiental era a chave para o crescimento e para o bem-estar social. Para a iniciativa "Compromisso para o Crescimento Verde", a Economia Verde é: "*Aquela que resulta numa melhoria do bem estar e da equidade social e, simultaneamente, reduz os riscos para o ambiente e a escassez ecológica. Neste contexto, o investimento e a inovação deverão ser incentivados, sustentando, deste modo, o crescimento e favorecendo o aparecimento de novas oportunidades de negócio e de criação de emprego, com uma crescente utilização eficiente dos recursos*"[23]. Atendendo ao Acordo de Paris assinado em 2015 aos ODS e ao foco da política europeia, facilmente

[22] Para mais informação, consultar: http://www.unep.org/greeneconomy/.

[23] MAOTE (2015) *Compromisso para o Crescimento Verde.*

compreendemos que a Economia do futuro será Verde e que tal, irá requerer também uma mudança da política fiscal, de forma a induzir os agentes económicos nesse caminho.

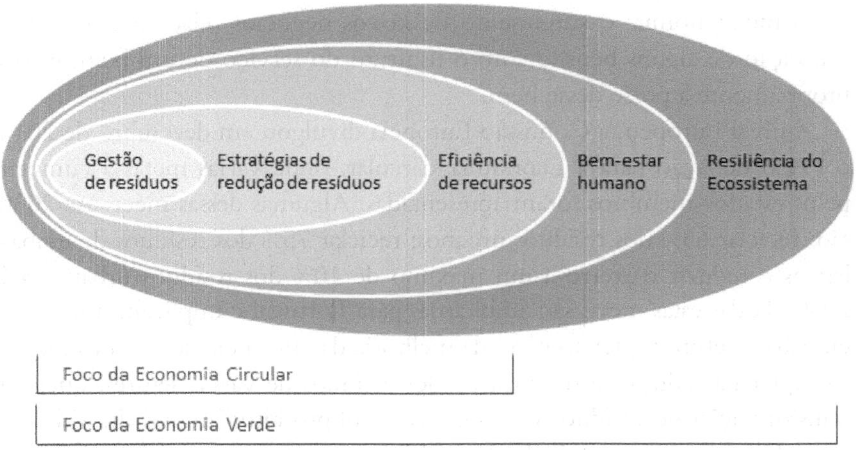

Adaptado de: Agência Europeia do Ambiente[24]

Figura 5. Economia Verde e Economia Circular

3.4. Economia Circular

Um outro tema na agenda internacional atual é a Economia Circular. Uma economia circular é "*uma economia que promove ativamente o uso eficiente e a produtividade dos recursos por ela dinamizados, através de produtos, processos e modelos de negócio assentes na desmaterialização, reutilização, reciclagem e recuperação dos materiais. Desta forma, procura-se extrair valor económico e utilidade dos materiais, equipamentos e bens pelo maior tempo possível, em ciclos energizados por fontes renováveis. Os materiais são preservados, restaurados ou reintroduzidos no sistema de modo cíclico, com vantagens económicas para fornecedores e utilizadores, e vantagens ambientais decorrentes de menor extração e importação de matérias-primas, redução na produção de resíduos e redução de emissões associadas.*"[25]

A economia circular está associada ao produto final, ou seja, estuda a forma como os produtos que consumimos podem ser produzidos com menores recursos, e que no seu final de vida, possam ainda voltar a ser inse-

[24] Disponível em: https://www.eea.europa.eu/soer-2015/europe/green-economy.

[25] Resolução do Conselho de Ministros n.° 190-A/2017. Diário da República n.° 236/2017, 2.° Suplemento, Série I de 2017-12-11.

ridos no sistema de produção de um outro bem, de forma a evitar a criação de resíduos. Para que isto aconteça, faz sentido: promover a identificação de resíduos que podem vir a ser matérias primas de outros produtos; que alguns produtos possam ser biodegradáveis no fim da sua vida útil; promover a bioeconomia; o surgimento de novos negócios relacionados com a utilização de alguns bens, e com o usufruto do serviço de um bem, e não propriamente a posse desse bem.

A nível Europeu, a Comissão Europeia divulgou em dezembro de 2015 o Plano de Ação para a Economia Circular, onde várias metas a cumprir pelos estados-membros foram apresentadas. Algumas dessas metas até 2030 são: reciclar 65% dos resíduos urbanos; reciclar 75% dos resíduos de embalagens e reduzir o aterro a um máximo de 10% dos resíduos urbanos até 2030. Todas estas metas são ambiciosas para Portugal e implicam mudanças em vários setores: quer ao nível da melhoria da eficiência do uso dos recursos, quer na redução e reutilização dos resíduos de vários setores, quer na transformação de resíduos em potenciais subprodutos através das simbioses industriais, quer através do desenvolvimento de novos negócios capazes de satisfazer as necessidades dos cidadãos e, da manutenção da vida útil do produto por um período mais longo. Estes desafios implicaram a criação em Portugal do "Plano de Ação para a Economia Circular em Portugal" (PAEC) publicado em Diário da República em Dezembro de 2017. Este plano apresenta 7 ações macro que devem ser concretizadas e, identifica os setores prioritários, enfatizando o papel das Cidades Circulares, das Empresas Circulares, das agendas das CCDRs[26] e das Zonas Empresariais Responsáveis. O PAEC é o documento base para a política portuguesa em prol da economia circular. A Economia Circular está a ser incentivada também através de financiamento público via programa COMPETE, que, através dos Vales de Economia Circular, co-financia as pequenas e médias empresas (PME) a contratarem consultoria para analisar o potencial de economia circular da empresa[27]. O Fundo Ambiental[28] , outra ferramenta de política pública do atual Governo, também realiza vários concursos para a atribuição de fundos a projetos que contribuam para um aumento da circularidade da economia. Assim, e atendendo ao facto de também a Economia Circular ser uma prioridade europeia, faz sentido que o setor bancário português com-

---

[26] CCDRs – Comissões de Coordenação de Desenvolvimento Regional.

[27] Para mais informação ver Aviso N. 06/SI/2018, Sistemas de Incentivos "Qualificação das PME.

[28] Para mais informação ver http://www.fundoambiental.pt/.

preenda melhor o potencial desta área de negócio uma vez que muitos dos fundos europeus que virão para Portugal no pós 2020 irão ser canalisados para as PME desenvolverem projetos em prol da economia circular.

3.5. Bioeconomia

Uma outra área em franca expansão na Comissão Europeia é a Bioeconomia. De acordo com a Comissão Europeia, a "*Bioeconomia inclui a produção de recursos biológicos renováveis, e a sua conversão em alimentos, alimentação para animais, produtos com base biológica e bionergias. Assim, inclui a agricultora, florestas, pesca, agroalimentar, pasta e papel bem como partes das indústrias químicas, biotecnológicas e da energia*"[29]. Esta área tem complementaridades com a Economia Verde e com a Economia Circular, sendo uma área que associa a economia, a biodiversidade com a tecnologia e com processos de produção. É pois, uma área muito ampla na economia uma vez que interfere com vários setores de atividade, como é ilustrado na Figura 6.

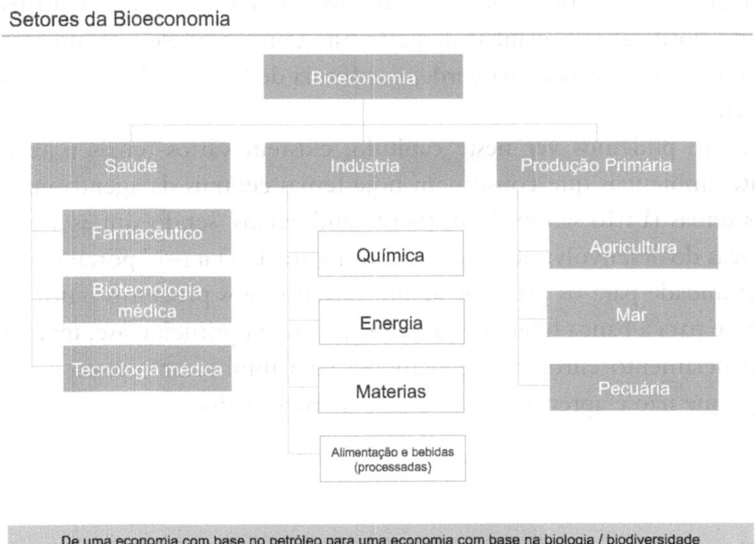

Figura 6. Sectores relacionados com a Bioeconomia[30]

---

[29] Comissão Europeia (2012) *Innovating for sustainable growth – A bioeconomy for Europe.*

[30] Adaptado de Hezri Adnan. Institute of Strategic and International Studies (ISIS) Malaysia. *BIOBORNEO 2013: Delivering the Borneo Bioeconomy Innovation.* Kota Kinabalu,

A Comissão Europeia já publicou a estratégia europeia para a Bioeconomia em 2012, tendo vários países europeus desenvolvido a sua própria estratégia de bioeconomia, como a Dinamarca, Islândia, Suécia, Finlândia, Holanda, Alemanha e Espanha. Outros estão no processo de elaboração. Os países nórdicos são aqueles que têm tipo um papel mais ativo nesta matéria, sendo necessário que os países do Sul também participem ativamente uma vez que os serviços dos ecossistemas do norte da europa são muito diferentes dos da europa do Sul. A Alemanha tem sido um país muito ativo neste tema, tendo em 2015 realizado o Global Summit da Bioeconomia com 800 participantes de 80 países, e tendo criado o Conselho de Bioeconomia totalmente dedicado à bioeconomia, enfatizando assim o peso que este tema tem nessa economia.

Em 2017, iniciou-se o processo de revisão desta estratégia, através da publicação do documento intitulado "*Expert Group Report Review of the EU Bioeconomy Strategy and its Action Plan*". Este documento vem assim identificar vários aspetos que devem ser concertados e definidos, tendo em conta a restante agenda europeia bem como os Objetivos para o Desenvolvimento Sustentável. Assim, em outubro de 2018, foi publicada a nova Estratégia Europeia para a Bioeconomia, incluindo agora vários aspetos novos. Faz sentido Portugal acompanhar de perto este tema, pois ele está intimamente relacionado com economia verde, economia de baixo carbono e economia circular.

Como pudemos ver neste capítulo, existem vários temas tradicionalmente ambientais que constituem hoje temas centrais da agenda europeia. Estes temas já não são exclusivamente ambientais, sendo sim as áreas económicas de desenvolvimento da economia atual. Trata-se, portanto de uma oportunidade para os privados identificarem novos processos e novos produtos, e para a banca financiar projetos que, nesta primeira fase, terão muito cofinanciamento europeu precisamente para minimizar o risco da "novidade" que não é apreciado nas análises de risco da banca.

19-20 February 2013.

4. Sustentabilidade no Sector Financeiro

4.1. Pensar um novo sistema financeiro

"*Sustainable Finance is about two imperatives. The first is to improve the contribution of finance to sustainable and inclusive growth, in particular funding society's long-term needs for innovation and infrastructure and accelerating the shift to a low-carbon and resource-efficient economy. The second is to strengthen financial stability and asset pricing, notably by improving the assessment and management of long-term material risks and intangible drivers of value creation – including those related to environmental, social and governance (ESG) factors.*"

Christian Thimann,
Presidente do *High Level Expert Group on Sustainable Finance* da Comissão Europeia[31]

Enquanto os temas da agenda internacional foram ganhando espaço político que foi transformado em diretivas, e as legislações nacionais foram conseguindo catalisar a pró-atividade de muitas empresas na promoção de inovação em prol de uma economia verde, neutra em carbono e circular, o mundo financeiro entrou numa mudança estrutural iniciada com a crise financeira global[32]. Nos anos que se seguiram à crise financeira global, governos, entidades reguladoras e a sociedade em geral, analisaram as falhas ocorridas nos mercados financeiros, nas instituições, na regulamentação e na *governance* das instituições financeiras. Muito se questionou acerca da gestão sistémica dos riscos financeiros pelas instituições financeiras. Entre incentivos desalinhados,

[31] EU High-Level Expert Group on Sustainable Finance (2017) *Financing a Sustainable European Economy, Interim Report*, July.

[32] A crise financeira teve início em 2007 devido à desregulação dos mercados financeiros e à especulação permitida por essa mesma desregulação. Tornou-se numa crise financeira global em 2008.

assimetria da informação, inovação financeira e os vários níveis de risco[33], reconheceu-se que, a exposição de ativos a riscos de carácter ambiental, social e de *governance,* tinham sido igualmente ignorados. A suposição, deveras "inocente", de que os gestores financeiros faziam a devida *due diligence* provou-se desastrosamente incorreta em 2008. No rescaldo da crise financeira global, dois pontos foram necessariamente discutidos[34]:

- A penetração do uso da retórica "*Environmental, Social e Governance*" (ESG) e das suas métricas, nos processos e procedimentos dos analistas *sell-side* e nos departamentos de risco; e
- A variação regional significativa tanto a nível do compromisso da retórica ESG, como da extensão da sua integração nas estratégias de negócio e/ou de investimento.

A crise financeira afinal trouxe algo de bom: expôs a necessidade do setor financeiro em se atualizar quer naquilo que considera como riscos, na forma de os medir, na noção de retorno financeiro de curto, médio e longo prazo. Trouxe também o contexto para uma discussão séria sobre a ética na tomada de decisões e sobre o real dever fiduciário do setor financeiro, como agente responsável por gerir da melhor forma as poupanças de quem nele confia.

Como reação à crise financeira e à pressão crescente sobre o papel dos bancos na incorporação dos temas ESG no seu negócio, e que iremos compreender melhor ao longo deste capítulo, vários bancos começaram a desenvolver estratégias de sustentabilidade que eram divulgadas nos seus relatórios de sustentabilidade publicados anualmente. No entanto, alguns estudos sugerem que as atuais iniciativas de sustentabilidade por parte dos bancos não são centrais à sua estratégia de negócio nem na sua cultura organizacional.[35] Estes estudos afirmam também que os esforços realizados por estes bancos – entre simbólicos e significativos – seriam motivados por incentivos económicos e de reputação, e frequentemente usados como compensação das atividades menos sustentáveis. Assim, e apesar da Europa estar signifi-

---

[33] UNEP Inquiry (2016) *Sustainable Finance:A critical Analysis of the regulation, policies, strategies, implementation and reporting in sustainability in International Finance*, February (identificado nas próximas notas de rodapé como UNEP Inquiry, *Sustainable Finance – A critical Analysis*)

[34] Hebb, T, Hawley, J., Hoepner, A., Neher, A., Wood, D. (2016) The Routledge Handbook of Responsible Investment, Routledge Companions in Business, Management and Accounting, Taylor& – Francis (identificado nas próximas notas de rodapé como Hebb et al., *Handbook of Responsible Investiment*).

[35] UNEP Inquiry, *Sustainable Finance – A critical Analysis.*

cativamente à frente dos EUA[36] em termos de proporção de investimentos sustentáveis, tem sido argumentado que as empresas e entidades investidoras europeias têm-se revelado resistentes ao "*walk the walk*", ou seja, têm sido resistentes à efetiva mudança do sistema financeiro para um que assuma os riscos ambientais, sociais e de *governance* como centrais no seu dever fiduciário. Como já vimos no capítulo 3, os desastres ambientais têm já tido um impacte financeiro significativo em alguns segmentos do setor segurador, e consequentemente, no setor financeiro, sendo de esperar que esses impactes possam aumentar. Mas mesmo assim, o setor financeiro parece ser lento em incorporar esta expectativa.

"We need to build a new system – one that delivers sustainable investment flows, based on both resilient market-based, and robust bank-based finance" (...) "We need a financial system that is Fair, Aligned, Inclusive and Resilient...which is..."critical to achieving the economic and moral imperatives of the SDGs."[37]

Mark Carney
Governador do Banco de Inglaterra e Presidente do *Financial Stability Board*

4.1.1. Transição para uma economia de baixo carbono

"We don't know how much climate-related risk the banks have on their balance sheets. Nobody really knows what their exposure is to these risks yet-work is only just beginning."

Paul Fisher
Vice-presidente do *Cambridge Institute for Sustainability Leadership*

"It is critical that the entire financial services industry really gets behind the global consensus on climate change achieved at COP21 in Paris. The important thing

[36] A Europa representa a maior proporção de investimentos sustentáveis (52,6% no início de 2016), seguido da Austrália e Nova Zelândia (50,6%) e do Canadá (37,8%). O investimento sustentável é menos predominante nos EUA (21,6%), Japão (3,4%, e outros países asiáticos (0,8%). Dados apresentados no Global Sustainable Investment Review 2016, GSI Alliance, March 2017 (gsi-alliance.org) e *From 'why' to 'why not'; Sustainable investing as the new normal*, McKinsey & Company, October 2017.

[37] Mark Carney, Governador do Banco de Inglaterra e Presidente do *Financial Stability Board, The Sustainable Development Goal Imperative*, United Nations General Assembly, High-Level Thematic Debate on Achieving the Sustainable Development Goals, Nova Iorque, 2016.

right now is that the climate agenda becomes an integral part of our day-to-day decision-making process. Banks working to ensure the transition to a low carbon future is vital to achieve this aim."

António Simões
CEO do Banco HSBC

Dada a natureza dos bancos como intermediários financeiros, há efetivamente uma responsabilidade ambiental e social inerente às suas atividades, uma vez que são os bancos que fornecem a maioria do financiamento externo às empresas e projetos de investimento nos diversos sectores. Embora os bancos conduzam o seu negócio em conformidade com leis, regulamentações e normalizações, podemos e devemos questionar se as suas práticas de negócio são realmente sustentáveis e/ou se os bancos estão também a responder às necessidades sociais[38]. Por outro lado, o dever fiduciário de gerir da melhor forma a rentabilidade do dinheiro dos depositantes, coloca em cima da mesa se os temas ambientais, sociais e de *governance* não devem estar explicitamente identificados nesse dever.

A título de exemplo e, desde a COP21[39] em 2015, vários foram os bancos que adotaram as políticas de restrições estabelecidas para o setor do carvão (sendo este um dos setores com emissões de carbono mais intensivas). Alguns bancos iniciaram um processo de redução da sua exposição de empréstimos a algumas destas atividades, parcialmente por motivos éticos e morais, mas também devido ao risco existente de que estas atividades possam ser adversamente impactadas pela mudança de regulamentação (ou outras exigências) que os torne menos lucrativos.

É possível consultar no site da Organização não-governamental (ONG) BankTrack[40] o tipo de políticas de restrição ou de exclusão de setores de investimento que vários bancos desenvolveram, bem como as efetivas práticas implementadas por eles. O BankTrack publica informação relativa a:

---

[38] Weber O., Feltmate B. (2016) *Sustainable Banking: Managing the Social and Environmental Impact of Financial Institutions*, University of Toronto, Rotman-UTP Publishing - Business and Sustainability (identificado nas próximas notas de rodapé como Weber and Feltmate, *Sustainable Banking*).

[39] Conferência das Partes 2015, United Nations Framework Convention on Climate Change (UNFCCC), ou também conhecida como 2015 Paris Climate Conference.

[40] BankTrack é uma rede global de organizações não governamentais que cooperam nos campos de bancos privados e de sustentabilidade. Esta organização usa a ação direta, o lobbying e a investigação para atingir os seus objetivos. Para mais informação, consultar https://www.banktrack.org/coaldevelopers/.

i) bancos que cancelaram o financiamento direto a novas minas de carvão a nível global ou a novas centrais termoelétricas a nível global;
ii) bancos que restringiram o financiamento indireto para o desenvolvimento de novas centrais termoelétricas;
iii) bancos que restringiram o financiamento indireto a *utilities* de carvão; e
iv) bancos que terminaram ou restringiram a venda ou compra de ativos de carvão.

As análises realizadas pelo BankTrack permitem concluir que, apesar da indústria do carvão estar em declínio, nos dois anos que se seguiram ao Acordo de Paris, os maiores bancos globais provisionaram pelo menos 275 mil milhões de dólares a empresas para a construção de centrais termoelétricas[41]. Este facto coloca em cima da mesa alguns temas muito relevantes: ou o setor bancário não acredita na implementação do Acordo de Paris, ou não está a incorporar as expectativas de mudança que se avizinham.

Para que os objetivos do Acordo de Paris sejam atingidos, as provisões financeiras têm de ser alinhadas com a necessidade urgente de descarbonizar a economia global a meio deste século, e afastadas de atividades que possam debilitar a transição para uma economia de baixo carbono.[42] Precisamente o contrário do que as análises do BankTrack revelam.

Assim, as ONGs e também as Nações Unidas, a OCDE e a Comunidade Europeia, estão a pedir às instituições financeiras para implementar políticas de empréstimo mais responsáveis social e ambientalmente. Um exemplo disso é a *The Collevecchio Declaration on Financial Institutions and Sustainability*[43], a qual delineia seis princípios (e compromissos) que as instituições financeiras devem seguir: para com a sustentabilidade, para "do no harm", para a responsabilidade, para a accountability, para a transparência e para mercados e *governance* sustentáveis. Em simultâneo, estão a existir políticas que incidem sobre outros setores, mas que também vão influenciar o setor financeiro na concessão de crédito. Por exemplo, no Reino Unido, o governo publicou a *Clean Growth Strategy* em 2017, a qual inclui políticas especificas para a construção de casas, para tornar os negócios e os transportes energeticamente mais eficientes, e para baixar a intensidade de

[41] Fonte: BankTrack.

[42] Philips J., Hierzig S. (2018) ShareAction, July (Acesso: http://climateanalytics.org/).

[43] A *Collevecchio Declaration on Financial Institutions and Sustainability* foi lançada no *World Economic Forum*, em 2003. A declaração pede explicitamente às instituições financeiras para defender a regulamentação.

carbono do fornecimento de energia. Estas medidas vão implicar o desenvolvimento de tecnologias e processos inovadores e que originam menores emissões de CO_2. Para que tal seja catalisado, são necessários investimentos quer das empresas, quer do setor bancário. O desafio está essencialmente na compreensão pelo setor bancário de que estes novos negócios e tecnologias têm efetivamente um mercado em expansão.

4.1.2. Bancos por Valores

> *"Um sistema financeiro sustentável será, portanto, aquele que cria, valoriza e transaciona ativos financeiros de forma a que a riqueza efetiva sirva as necessidades a longo prazo de uma economia inclusiva e ambientalmente sustentável."*
>
> UNEP FI[44]

Apesar de a maioria do setor financeiro ainda não estar efetivamente a incorporar os temas ambientais, sociais e de *governance* no seu negócio, há um nicho de bancos em crescimento, cuja sua essência é precisamente a promoção do desenvolvimento sustentável.

Estes bancos são designados de "Bancos Sociais" ou "Bancos Éticos". Apesar de não serem conhecidos pela generalidade da população (nem pela generalidade dos estudantes de finanças ou economia), eles não são propriamente novidade, uma vez que o movimento cooperativo que lhes deu origem existe desde os 1960. Mas foi desde a grande crise financeira que surgiu um aumento de interesse acerca de finanças éticas, social ou ecológicas. Os Bancos Éticos baseiam-se em direitos de propriedade, nos quais o proprietário (e/ou acionistas) decidem a ideologia, princípios, *standards* e objetivos da organização. A Ética é agora mais do que antes, um assunto de escolha pessoal, comportamento e responsabilidade. Nos bancos éticos, o compromisso centra-se em valores sociais e éticos positivos. Além disso, a evidência demonstra que a transparência de informação e a alocação de ativos são fatores que diferenciam os bancos éticos de outros intermediários financeiros[45].

---

[44] UNEP Inquiry (2015) *The financial system we need – Alignment of the financial system with the sustainable development*, October.

[45] San-Jose, L., Retolaza, J.L. & Gutierrez-Goiria, J. (2011) Journal of Business Ethics, vol. 100 issue 1, 151-173.

O Triodos Bank Group[46] (Triodos) é um exemplo interessante e uma referência atual para indústria da banca social, ética e sustentável. O Triodos assegura que apenas trabalha com organizações conscienciosamente éticas e publica ainda os detalhes de todos os seus clientes que procuram crédito. A sua abordagem representa o caso de sustentabilidade para a banca – promover as pessoas primeiro e servir as necessidades reais da economia real.

O Triodos preside também a *Global Alliance for Banking on Values* (GABV), que tem como princípios o *Values-Based Banking* (Bancos com base em Valores). Os seus bancos signatários são movidos por uma estratégia proativa que considera o suporte ao desenvolvimento sustentável como um negócio por si mesmo[47].

Uma vez que a integridade do sistema financeiro é moldada pela cultura e valores dentro das instituições, os bancos baseados em valores apresentam-se como a prova de que é possível aplicar os valores de uma forma holística e ao mesmo tempo obter lucro[48]. Esta conclusão é suportada por um estudo publicado pela GABV, no qual os bancos focados em sustentabilidade e as instituições financeiras globais sistemicamente importantes, foram analisados e comparados segundo um conjunto de critérios que suportam o *business case* para investir em bancos que servem a economia real[49]. Além disso, o estudo concluiu que os retornos dos bancos focados em sustentabilidade, isto é, os bancos que vão de encontro às necessidades das empresas para a concretização de uma economia mais resiliente, suportando a preservação ambiental e o empowerment social das comunidades, alcançam um retorno superior na maioria dos casos, e apresentam também uma menor volatilidade dos retornos ao longo dos anos.

4.1.3. Banca e Sustentabilidade

Na sequência do *Earth Summit* em 1992, numa parceria entre a *United Nations Environment* e o sector financeiro global, foi criada a *United Nations*

[46] O Triodos Bank é um banco holandês com escritórios em vários países (Bélgica, Alemanha, Reino Unido e Espanha). Ganhou o Financial Times/IFC "*Sustainable Bank of the Year award* de 2009, o "*Queens Award Enterprise*" em 2010 e o "*Bank of the year*" da *Better Society Awards* em 2016.

[47] Weber and Feltmate, *Sustainable Banking.*

[48] UNEP Inquiry (2015) *Values Based Banking, ringing the Voice of the citizen into finance*, August.

[49] GABV (2014) *Real Economy – Real Returns: The Business Case for Sustainability Focused Banking.*

Environment Programme Finance Initiative (UNEP FI). A UNEP FI tem como missão promover a *Sustainable Finance*[50] e fomentar diálogos entre financeiros, entidades reguladoras e de desenvolvimento de políticas dos diversos países, assim como promover o envolvimento do setor financeiro nas negociações acerca das alterações climáticas a nível internacional e global.

Em 1997, a UNEP FI publicou o "*UNEP Statement of Commitment by Financial Institutions on Sustainable Development*"[51], o qual constitui a declaração que qualquer subscritor da UNEP FI tem de assinar quando se torna membro desta organização. As instituições financeiras que assinam esta declaração, estão a reconhecer abertamente o papel dos serviços prestados pelo setor financeiro na transformação da nossa economia e do nosso *lifestyle* em padrões sustentáveis, assumindo também o compromisso de integrar as considerações ambientais e sociais em todos os aspetos das operações das suas atividades. Entre as mais de 200 instituições financeiras participantes[52] até à data, temos as seguintes:

- Portugal: Caixa Geral de Depósitos
- Espanha: Banco Santander S.A., BBVA Group, CaixaBank e MAPFRE S.A.
- Reino Unido: Barclays Group plc, EBRD, HSBC, Royal Bank of Scotland, Aviva plc
- China: Bank of Taizho, China Development Bank, China Merchants Bank

Recentemente, e com o objetivo de proporcionar uma interpretação mais clara (e consequentemente, uma implementação mais prática) das cláusulas individuais da declaração, a UNEP lançou o guia de referência para a banca e sustentabilidade. No guia, denominado "*Guide to Banking and Sustainability*" (edição 2.0)[53], a UNEP FI argumenta que, para um banco ser

[50] Mais de 200 instituições financeiras, incluindo bancos, seguradoras, e investidores, trabalham com a UN Environment para compreender os desafios ambientais, sociais e de *governance* da atualidade, e porque é que importam e como é que podem ativamente participar para trabalhar esses assuntos.

[51] Para informação mais detalhada, consultar: http://www.unepfi.org/about/unep-fistatement/.

[52] Para mais informação, consultar: http://www.unepfi.org/members/.

[53] A UNEP FI desenvolveu em 2011, o "*Guide to Banking and Sustainability 2.0 - What does a sustainable look like and what role can each department paly to further integrate sustainability across a bank?*", com uma segunda edição publicada em 2016.

"classificado" como um banco sustentável, deverá ter em conta os seguintes elementos-chave:

- Responsabilidade e Ação: As questões de sustentabilidade devem ser trabalhadas com a devida responsabilidade e ação por parte de todos os níveis e funções chave nos bancos;
- Riscos e Oportunidades: Um banco sustentável é um banco que, não só compreende e gere os riscos que surgem de questões de sustentabilidade como também, perceciona a dimensão estratégica dessas mesmas questões. É assim crucial ponderar cada uma dessas questões com as implicações de negócio e oportunidades trazidas pelos seus desafios a nível ambiental, social e económicos;
- Comunicação, Transparência e *engagement* – dentro do banco, com os pares/concorrência e com os *stakeholders* – é essencial que para que as questões de sustentabilidade possam ser abertamente discutidas.

O guia denota que os bancos podem dar alguns passos em direção à sustentabilidade através de projetos individuais ou programas, mas a mudança mais significativa depende de um forte compromisso e da existência de uma cultura de sustentabilidade que penetra por toda a organização. Atualmente, muitos bancos têm um departamento de responsabilidade social e corporativa ou de sustentabilidade, têm políticas de ética internas ou códigos de conduta. No entanto, apesar destes esforços, muitos bancos continuam a ter um comportamento que pode ser considerado irresponsável.

Em 2015, os membros associados da UNEP FI lançaram o *Positive Impact Manifesto*. De acordo com o Manifesto, para colmatar o défice de financiamento para com desenvolvimento sustentável e para com a materialização dos Objetivos para o Desenvolvimento Sustentável, será necessária uma nova abordagem. Esta deverá ser baseada no impacte das atividades dos associados e deverá ter em consideração uma visão holística da economia, da sociedade e do ambiente. Posteriormente, e já em 2017, foram lançados os *Principles for Positive Impact Finance*[54], um guia de referência para financeiros e investidores com vista a aumentar o impacte positivo nos três pilares

[54] *Os Principles for Positive Impact Finance* foram lançados por cerca de 20 instituições financeiras, incluindo bancos e membros investidores do UNEP FI, totalizando 6,6 triliões de dólares ativos. Sendo aplicáveis a todas as formas de instituições financeiras e instrumentos financeiros, constituem uma componente central do *Positive Impact Roadmap* delineado no Manifesto. Podem ser consultados em: http://www.unepfi.org/positive-impact/principles-for-positive-impact-finance/.

do desenvolvimento sustentável, e estabelecer a transparência como aspeto essencial. Os princípios estabelecem uma linguagem comum para a comunidade financeira e para os seus *stakeholders*. Esta abordagem contribui para um aumento de transparência e pode ser um catalisador para a mudança, constituindo ainda um passo essencial para desbloquear as oportunidades inerentes aos ODS e o seu respetivo financiamento.

Note-se que existem também outras incitativas voluntárias associadas à sustentabilidade aplicáveis ao setor privado, como os Princípios OECD e o *UN Global Compact* que incentivam as empresas a integrar aspetos sociais na sua agenda de *governance,* reconhecendo que as responsabilidades ambientais, sociais e de *governance* da companhia são integrais para a sua *performance* e sustentabilidade a longo prazo. Vão surgindo também ferramentas de gestão que apoiam as empresas a incorporarem os ODS na sua gestão, como é o casso da publicação "*Sustainable Development Goals Compass*"[55], uma publicação produzida pelo *World Business Council for Sustainable Development*, pela *Global Reporting Initiative* e pelo *UN Global Compact*. Esta ferramenta é um guia de orientação para as empresas e para as instituições financeiras, conseguirem alinhar as suas estratégias de negócio com os ODS[56].

> *"The idea of responsible investment banking and impact investing is a paradigm shift in economics.*
>
> *And fundamentally changes the way of thinking in the investment industry and culture. The concepts go way beyond the classical triangle of return, risk and liquidity and intend to provide investment solutions for social goods answering pressing global problems."*
>
> Karen Wendt
> Editora de Literatura em Responsabilidade Social Corporativa,
> Banca Responsável e Investimento de Impacte Positivo

Sustainable Finance deixou de ser um nicho existindo um claro caminho já em marcha para a transformar em algo convencional.

---

[55] GRI, UN Global Compact e WBCSD (2016) *SDG Compass, Guia para alinhar as estratégias empresariais com os ODS*, abril.

[56] O *SDG Compass* inclui um inventário que mapeia mais de 1500 indicadores de negócio contra os 17 objetivos para o desenvolvimento sustentável e as suas 169 metas. Tem 5 passos que são baseados no reconhecimento da responsabilidade de todas as empresas no cumprimento de todas as legislações relevantes, no respeito dos padrões internacionais mínimo e no tratamento prioritário de todos os impactes negativos nos direitos humanos.

O sistema financeiro, com os seus diversos intervenientes, está a ser chamado a ser parceiro neste novo mundo de investimentos responsáveis e de mercados sustentáveis. É pedido ao sistema financeiro que alinhe e harmonize os investimentos com os objetivos mais amplos da sociedade. As metas já traçadas pelos ODS sugerem uma abordagem que permite compreender e medir o impacte dos investimentos. E, paralelamente, possibilita aos investidores responsáveis demonstrar como é que os seus esforços em questões ambientais (como as alterações climáticas ou a escassez de recursos naturais), sociais (como as condições de trabalho e os direitos humanos) e de *governance* (como a diversidade dos quadros nas empresas e as remunerações de executivos) estão a contribuir para esta nova economia.

4.2. UNEP FI e a Harmonização do Sistema Financeiro

Com a máxima *"Changing Finance and Financing Change"*, a UNEP FI teve um papel preponderante na evolução da *Sustainable Finance*. Ao longo dos últimos 26 anos[57] foi possível atingir um conjunto de milestones: desde os primeiros passos das instituições financeiras através de ações filantrópicas, até à integração de critérios ESG nas estratégias de negócio (como os Princípios de Equador[58] e os Princípios para o Investimento Responsável[59]). No entanto, houve e ainda há, um longo caminho a percorrer na transformação do sistema global financeiro[60].

[57] O timeline da UNEP FI pode ser consultado em http://www.unepfi.org/news/25th-anniversary/timeline/.

[58] Os Princípios do Equador (EP) são uma *framework* de gestão de risco, adotada pelas instituições financeiras para identificar, avaliar e gerir riscos ambientais e sociais em projetos e pretende providenciar um *standard* mínimo para due diligence e monitorizar para suportar o processo de tomada de decisão de risco responsável. Os EP aplicam-se globalmente, a todos os setores de indústrias e em quatro produtos financeiros: *Projet Finance Advisory Services; Project Finance; Project – related Corporate Loans, e Bridge Loans.* Os EP estão em revisão para a sua 4.ª versão (EP4) e com expectativa de serem lançados no segundo trimestre de 2019. Até à data, 93 instituições financeiras, em 37 países, adoptaram os Princípios de Equador. Para mais informações, consultar: http://equator-principles.com/.

[59] Ver seção 4.5.1. deste capítulo.

[60] Para informação mais detalhada, consultar: Timeline da *Sustainable Finance*: From 1992 to 2017: The Evolution of *Sustainable Finance*, em http://www.unepfi.org/news/25th-anniversary/timeline/.

Assim, em janeiro de 2014, a UNEP FI lançou a iniciativa *Inquiry into the Design of a Sustainable Financial System*[61], com o objetivo de apresentar opções para harmonizar o sistema financeiro com o desenvolvimento sustentável. A *Inquiry,* uma espécie de catalisador da *Sustainable Finance,* é uma plataforma internacional que promove os esforços nacionais e internacionais de forma a direcionar os triliões necessários para o financiamento do desenvolvimento sustentável. Durante o seu mandado, a *Inquiry* publicou três edições do principal relatório global: a primeira em Outubro de 2015 – "*The Financial System we need: Aligning the Financial System with Sustainable Development*", a segunda em outubro de 2016 – "*The Financial System we need: From momentum to transformation*" e a terceira em Abril de 2018, o seu relatório final – "*Making Waves: Aligning the Financial System with Sustainable Development*". Vamos de seguida explicar um pouco mais cada uma destas edições.

4.2.1. A necessidade de alinhar o setor financeiro com a sustentabilidade

Na 1.ª edição do relatório, argumentava-se que para se obter o desenvolvimento sustentável que pretendemos, seria necessária uma harmonização do sistema financeiro com os objetivos do desenvolvimento sustentável e uma nova geração de políticas inovadoras que garantissem uma transição para uma economia verde e inclusiva. O relatório afirma que esta harmonização do sistema financeiro (e a integração do desenvolvimento sustentável) no tecido do sistema financeiro, designada por "revolução silenciosa", já estaria a acontecer. Os bancos centrais, legisladores e reguladores financeiros estão a abordar a necessidade de conceber sistemas financeiros robustos e sustentáveis adaptados às necessidades do século XXI e, em colaboração com intervenientes do mercado, estão a liderar esta revolução silenciosa.

O relatório avança também que para desempenhar o seu papel no financiamento do desenvolvimento sustentável, o sistema financeiro terá de evoluir. O financiamento para o desenvolvimento sustentável exigirá que os fluxos de capitais sejam redirecionados para prioridades críticas e não para

[61] A iniciativa *Inquiry into the Design of a Sustainable Financial System* foi estabelecido em janeiro de 2014 e o trabalho do Inquérito foi prolongado por mais dois anos em finais de 2015 para ajudar a focalizar e aprofundar os resultados da sua primeira fase. A *Inquiry* concluiu o seu mandato em março de 2018, mas muitos dos seus fluxos de trabalho continuarão através de outras formas.

ativos que reduzem o capital natural[62]. Identifica-se assim, uma janela de oportunidade histórica para desenvolver um sistema financeiro sustentável e todo o potencial do sistema financeiro tem de ser aproveitar de modo a possibilitar esta transição.

As conclusões deste relatório forneceram uma base robusta para a execução dos próximos passos no desenvolvimento de um sistema financeiro sustentável a nível nacional e internacional e requererá o envolvimento ativo de diversos intervenientes, nomeadamente:

- administradores do sistema financeiro, incluindo bancos centrais, entidades reguladoras, cautelares e normalizadoras;
- entidades governamentais, incluindo ministros das finanças; e
- reguladores baseados no mercado, incluindo bolsas de valores e agências de notação de crédito.

No entanto, para a execução dos próximos passos no desenvolvimento de um sistema financeiro sustentável, há também o papel de outros intervenientes, de igual modo essencial. Esses intervenientes seriam:

- Agentes de mercado: desde bancos a fundos de pensões;
- Comunidade do desenvolvimento sustentável: desde ministros de ambiente a grupos de reflexão, sociedade civil e agências, como por exemplo a UNEP;
- Sociedade: na qualidade de consumidores de serviços financeiros, de funcionários de instituições financeiras e de participantes na sociedade civil.

Sugere-se que muitos destes intervenientes participem em conjunto para o desenvolvimento de um sistema financeiro sustentável, quer a nível nacional, regional e internacional.

4.2.2. A renovação do propósito do sistema financeiro

Na sequência deste primeiro relatório anual, foi publicada a 2.ª edição em 2016, a qual deu particular ênfase à aceleração de renovação do propósito do sistema financeiro no contexto de desenvolvimento sustentável. O relatório apresentou os seguintes pontos como mensagens principais:

---

[62] UNEP FI (2011) *Towards a Green Economy: Pathways to Sustainable Development and Poverty Eradication*, Nairobi (identificado nas próximas notas de rodapé como UNEP FI, Green Economy).

1. O sistema financeiro global necessita de remodelação, para financiar um futuro inclusivo, próspero e ambientalmente forte, isto é, alcançar um desenvolvimento sustentável;
2. O impulso de mudança aumentou de forma drástica entre 2015 e 2016, através de:
   a. Liderança no mercado – Houve um reconhecimento por parte das instituições financeiras de que o desenvolvimento sustentável é essencial para o seu sucesso;
   b. Ação nacional – os legisladores e reguladores financeiros estavam a agir para guiar a redistribuição de capital, melhorar a gestão de riscos e aumentar a transparência; e
   c. Cooperação internacional – A nível internacional, em 2016, pela primeira vez, o G20 e o Conselho de Estabilidade Financeira estavam a explorar formas de desenvolver o sistema financeiro para considerar de forma mais ampla os fatores ambientais.
3. Fatores políticos, de mercado e internacionais mais amplos servem de apoio a este impulso (entre os fatores temos a adoção dos ODS e do Acordo de Paris sobre as alterações climáticas e as finanças ecológicas como fator de competitividade para negócios e centros financeiros, por exemplo).
4. O impulso atual continua desadequado para o fornecimento da transformação necessária ao financiamento do desenvolvimentos sustentável (o capital natural continua a diminuir rapidamente, juntamente com as desigualdades sociais e a instabilidade crescentes; os fluxos e stocks financeiros sustentáveis continuam marginais à distribuição de capital, por todo o mundo; o sistema financeiro permanece desligado das necessidades a longo prazo da economia real; e a estabilidade financeira é cada vez mais ameaçada pelos efeitos da economia sustentável de hoje).
5. Alguns passos importantes e que podem harmonizar o objetivo e o impacte do sistema financeiro ao serviço da economia real durante a transição para o desenvolvimento sustentável, tais como:
   a. Alicerçar a sustentabilidade em estratégias nacionais para a reforma e o desenvolvimento financeiros;
   b. Canalizar a inovação tecnológica para financiar o desenvolvimento sustentável;
   c. Atingir o potencial triplo de alavancagem das finanças públicas;
   d. Aumentar a conscientização e as capacidades em todo o sistema; e
   e. Integrar a sustentabilidade em métodos, ferramentas e padrões comuns a todo o sistema financeiro.

4.2.3. A implementação da mudança

Por fim, e na 3.ª e final edição do relatório principal publicada em 2018, foi apresentada a análise central da *Inquiry*. Esta análise apresentou: um sumário dos progressos realizados na harmonização do sistema financeiro com o desenvolvimento sustentável; uma reflexão sobre as lições que podiam ser aprendidas entre 2014 e 2017 com a abordagem da *Inquiry*; e as ações que ainda são necessárias realizar para se atingir um resultado com sucesso. Além disso, o relatório evidenciou o bom encaminhamento de uma mudança para um sistema financeiro sustentável, uma vez que existe um número cada vez maior de compromisso de ação, combinado com o surgimento da reafectação de capital urgentemente necessária. No entanto, muito mais capital continua a apoiar a antiga economia, devido à talvez incapacidade ou interesse por parte de proprietários e intermediários para o redirecionar.

Assim, a *Inquiry* afirma que a próxima fase da *Sustainable Finance* será sobre como implementar a mudança e a harmonização do sistema financeiro com o desenvolvimento das sociedades. Para que tal aconteça, requerem-se um conjunto de medidas que possam desencadear mudanças mais abrangentes na dinâmica comportamental, cultural e de mercado do sistema financeiro. E que medidas podem ser trabalhadas pelos diversos intervenientes do mercado financeiro? Uma melhor divulgação, formas de intervenção política, ações reguladoras, de normalização, judiciais e fiscais podem ser algumas das medidas a implementar de uma forma individual ou trabalhadas em conjunto. A conceção de pacotes de políticas e de vias de implementação requer uma ação decisiva continua e uma abordagem que permita a obtenção de um estado de equilíbrio entre ambição, viabilidade e riscos.

Com a conclusão do mandato da *Inquiry*, os aspetos fundamentais do seu trabalho continuarão a ser desenvolvidos através da *Sustainable Finance* no G20, e de coligações várias como: Rede de Centros Financeiros para a Sustentabilidade, a Aliança Financeira Digital Sustentável e o Fórum de Seguros Sustentáveis.

4.3. Os centros financeiros

"Financial centres are the key places in the global economy which determine where capital flows. (...) We're delighted to convene this network of passionate leaders and aim to make a real difference for climate action and sustainable development."

Erik Solheim
Director Executivo do *UN Environment*

Nos últimos anos criou-se a Rede de Centros Financeiros para a Sustentabilidade. Estes centros financeiros podem ser definidos como localizações (ou cidades) onde há "*uma concentração intensa de uma grande variedade de atividade financeira (negócios e transações financeiras), envolvendo um conjunto de setores financeiros*"[63]. Os centros financeiros complementam o trabalho feito pela UNEP FI, pois têm um papel muito importante em conduzir a ação e acelerar a expansão de serviços financeiros sustentáveis e verdes através de um número de atividades financeiras interligadas – banca, mercados de capitais, investimento, seguros e outros serviços profissionais, assim como a regulamentação. Por definição, estes são os agentes primários para a maioria das iniciativas financeiras dentro de regiões e países.

Os centros financeiros são lugares para negócios financeiros, os quais, através da regulamentação e de canais de investimento, podem dar forma a incentivos de empresas individuais para integrar aspetos ambientais, sociais, económicos ou *governance* em negócios regulares, mercados de capitais e atividades na sua cadeia de valor. Contudo, assumem também uma posição particular na regulamentação financeira e no debate público sobre o desempenho financeiro (incluindo sobre métricas sociais e ambientais).

Os ecossistemas das atividades nos centros financeiros criam um efeito *cluster* que também pode ser usado para incentivar uma ação mais sistemática na expansão da *Sustainable Finance*, isto é, para além das instituições individuais, mercados e países. Atualmente, as alterações climáticas e o desenvolvimento sustentável estão a emergir como dimensões estratégicas do sucesso dos centros financeiros e da competitividade. O caso dos empréstimos verdes[64] ilustra claramente como é que a sustentabilidade se tornou numa questão transversal para os centros financeiros como um todo.

Até recentemente, a ação para promover a *Sustainable Finance* foi maioritariamente focada em separar os setores financeiros e em quadros de política nacional. Atualmente, há uma consciencialização crescente de que a sustentabilidade também tem implicações estratégicas para os mais de 100 centros financeiros[65].

---

[63] UN Environment, Inquiry: Design of a Sustainable Financial System and Corporate Knights (2017) *Financial Centres for Sustainability – Reviewing G7 Financial Centres in Mobilizing Green and Sustainable Finance*, June (identificado nas próximas notas de rodapé como Inquiry, *Financial Centres for Sustainability*).

[64] Ver Capítulo 6.

[65] Inquiry, *Financial Centres for Sustainability.*

4.3.1. Centros financeiros e a economia de baixo carbono

"Leading financial centres are now showing how they can make the transition to a low-carbon, green economy cheaper, faster and smoother."

Nick Robins[66]
CoDiretor da Inquiry

Entre junho de 2016 e junho de 2017, foram lançados um conjunto de centros financeiros, nomeadamente em Casablanca, Frankfurt, Hong Kong, Londres, Luxemburgo e Paris. Estes lançaram iniciativas verdes específicas ou de *Sustainable Finance*, as quais respondem a três diferentes imperativos gerados pela agenda de sustentabilidade[67]:

- Política: os governos locais e nacionais estão interessados no modo como os seus centros financeiros estão a mobilizar capital para a concretização dos principais objetivos ambientais, ação climática e de desenvolvimento sustentável;
- Mercado: os centros financeiros estão particularmente interessados na forma como os fatores de sustentabilidade podem criar novas oportunidades assim como os potencias riscos;
- Económico: Em termos mais amplos, há interesse na forma como os centros financeiros estão a servir a economia real à medida que esta faz a sua transição para a sustentabilidade.

No mesmo período, alguns dos centros financeiros lançaram iniciativas específicas com o objetivo de explorar e de responder mais efetivamente aos desafios da sustentabilidade[68]:

- Londres (janeiro de 2016) – A *City of London Corporation* lançou a sua Green Finance Initiative em parceria com o *UK Treasury and Department of Business, Energy and Industrial Strategy* para promover o papel de Londres como uma hub global para a green finance;
- Paris (maio de 2016) – No seguimento do sucesso da COP21, o Paris Europlace lançou o seu Paris *Green and Sustainable Finance Initiative*

[66] O Nick Robins foi um dos contribuidores para o prefácio deste livro.
[67] UNEP FI, *Green Economy.*
[68] Inquiry, *Financial Centres for Sustainability.*

para "fortalecer sinergias e colaborações de modo a desenvolver o seu ecossistema";

- Hong Kong (maio de 2016) – O *Hong Kong Financial Services Development Council* lançou um relatório sobre Hong Kong como uma hub regional de green finance, argumentando que *"if it does not seize this opportunity, other will do"*;
- Luxemburgo (setembro 2016) – A *Luxemburg Stock Exchange* (LuxSE) lançou o primeiro *Green Stock Exchange* do mundo, uma plataforma dedicada à angariação de fundos para instrumentos financeiros verdes;
- Casablanca (novembro 2016) – Como parte do roadmap de Marrocos para a *Sustainable Finance* anunciados na COP22, a *Casablanca Finance City Authority* (CFC) afirma ter como objetivo tornar-se uma hub Pan-African de "finanças climáticas";
- Frankfurt (março 2017) – A *Deutsche Böser* lançou uma nova iniciativa de *Sustainable Finance* em Frankfurt para agir como uma plataforma de diálogo, reunindo os principais participantes do centro financeiro.

Paralelamente, muitos outros centros financeiros (tais como, Dublin, Nairobi, Shanghai, Singapura, Estocolmo) estão a desenvolver as suas próprias iniciativas.

Em abril de 2018, cerca de 20 dos centros financeiros líderes no mundo juntaram-se em Milão, para o encontro inaugural de uma nova rede – a *International Network of Financial Centres for Sustainability*. Esta rede, iniciada pela *Inquiry*, tem como objetivo mobilizar recursos e conhecimento dos centros financeiros para implementar os compromissos assumidos e para acelerar a expansão da *Sustainable Finance*, de forma a promover os investimentos necessários para se cumprir com o Acordo de Paris e com os ODS.

4.4. Investimento, criação de valor e dever fiduciário

> *"Responsible investment is generally understood as a process to incorporate material ESG factors in investment policies, decisions and ownership, and improvement of business conduct."*
>
> PRI

A par de todas as atividades desenvolvidas em prol da *Sustainable Finance* pelas Nações Unidas e outras entidades, não há dúvida que os investidores começaram a compreender a criação de valor que uma gestão integrada dos aspetos ambientais, sociais e de *governance* (ESG) pode trazer a uma empresa e, por conseguinte, a uma carteira de portefólio. Na realidade, mais de um quarto dos *Assets under Management* (AuM) a nível mundial[69], representando cerca de 23 biliões de dólares no final de 2016, já têm algum tipo de considerações de sustentabilidade quando selecionam os ativos para o seu portefólio uma vez que são subscritores dos Princípios para o Investimento Responsável das Nações Unidas. Os ativos sob gestão com algum critério de sustentabilidade na Europa já representam cerca de 52,6% do total de ativos[70]. Entre 2014 e 2016, registou-se um aumento de 11,7% de ativos comprometidos com estratégias de investimento responsável e sustentável, alcançando assim os 12,04 mil milhões de dólares em 2016. No mesmo período, a nível global, estes ativos aumentaram 25,2% e, em 2016, atingiram o total de 22,89 mil milhões de dólares[71]. Torna-se assim evidente que os fundos de investimento sustentáveis estão em franco crescimento.

Por outro lado, os desinvestimentos em ativos de carbono terão atingido os 5 mil milhões de dólares em 2016 mas, por outro lado, os investimentos em carvão, petróleo e gás atingiram cerca de 710 mil milhões de dólares[72]. Isto significa ainda alguma incerteza sobre a forma como o setor financeiro está a reagir ao tema dos combustíveis fósseis, podendo ser possível afirmar que muitos investidores ainda esperam tirar mais-valias decorrentes dos setores com fortes emissões de carbono.

Este crescimento significativo do investimento responsável, ou também designado de sustentável, deve-se a[73]:

- Reconhecimento por parte da comunidade financeira da materialidade dos critérios ESG na determinação dos riscos e retornos;

---

[69] Os AuM incluem alguns dos maiores fundos do mundo: *Government Pension Investment Fund* (GPIF) do Japão, *Norway's Government Pension Fund Global* (GPFG) e o Ducth Pension Fund ABP).

[70] Estes são dados correspondentes ao final de 2016, sendo que para os USA – 38% e Ásia – 12%. Fonte: Robeco, *The Big book of Sustainable Investing*.

[71] Fonte: *Global Sustainable Investment Alliance* (GSIA).

A GSIA é uma associação internacional de organizações de investimento sustentável. A sua missão é aprofundar e expandir a prática de investimento sustentável através da colaboração internacional para esse propósito. Estes dados estão disponíveis no seu relatório *Global Sustainable Investment Review* 2016.

[72] UN Environment Inquiry, *Making Waves: Aligning the Financial System with Sustainable Development*, Executive Summary.

[73] UN PRI, *What is Responsible investment?* (Online). Disponível em: https://www.unpri.org/pri/what-is-responsible-investment).

- Perceção de que a incorporação de critérios ESG são parte do dever fiduciário[74] dos investidores para com os seus clientes e beneficiários;
- Preocupação com o impacte do "curto-prazo" na *performance* das empresas, nos retornos de investimento e no comportamento do mercado;
- Exigência da proteção dos interesses a longo-prazo dos beneficiários e, em geral, do sistema financeiro, por requisitos legais;
- Pressão por parte de concorrentes que procuram diferenciar-se através da oferta de serviços de investimento responsável como vantagem competitiva;
- Exigência dos beneficiários que começam a ser mais ativos e, requerem maior transparência sobre onde e como o seu dinheiro está a ser investido/gerido;
- Destruição de valor por risco reputacional relacionado com outras questões como alterações climáticas, poluição, condições de trabalho, direitos humanos, diversidade e inclusão, corrupção e outros num mundo de globalização e de social media.

Existe assim um reconhecimento crescente de que a sustentabilidade é um fator importante para o sucesso a longo prazo dos investimentos e de qualquer negócio. Por isso, o atual debate em torno do dever fiduciário foca-se na convergência entre investimento responsável (incluindo a integração de fatores ambientais, sociais e de *governance* nos processos de investimento) e os aspetos financeiros. De acordo com o relatório "O dever fiduciário no século XXI"[75], algumas regras jurídicas determinam a capacidade de integrar os fatores ESG nas decisões de investimento dentro da margem de movimentação concedida aos investidores. A legitimidade para incluir os temas ESG no dever fiduciário do setor financeiro está associado ao potencial impacte no retorno que estes fatores podem ter. É por isso fun-

---

[74] Os deveres fiduciários (ou obrigações equivalentes) existem para garantir que os agentes encarregados de administrar o dinheiro de outras pessoas ajam conforme o interesse dos beneficiários e não em seu próprio interesse. As obrigações mais importantes são: a lealdade (os agentes fiduciários devem agir com boa fé em relação aos interesses dos seus beneficiários, devem equilibrar de forma imparcial os interesses conflitantes dos diferentes beneficiários, evitar conflitos de interesses e não agir em beneficio próprio ou de terceiros) e a prudência (os agentes fiduciários devem agir com o devido cuidado, habilidade e diligência, fazendo investimentos como qualquer "pessoa comum e prudente" faria).

[75] UNGC, UNEP FI, PRI e Inquiry – Design of a Sustainable Financial System (2016) *O dever fiduciário no século XXI.*

damental compreender se a incorporação dos temas ESG podem contribuir positivamente para o retorno financeiro e/ou para uma diminuição do risco do portefólio.

4.4.1. Os critérios ESG e a *performance* financeira

> *"O conceito de dever fiduciário é orgânico, não estático. Ele continuará evoluindo à medida que a sociedade muda, não menos em resposta à necessidade urgente de nos movermos em direção a um sistema financeiro ambiental, económica e socialmente sustentável."*
>
> Paul Watchman, Professor Honorário da Faculdade de Direito da Universidade de Glasgow, "O dever fiduciário no século XXI"

Muitos investidores institucionais, particularmente na Europa e na América do Norte, estão gradualmente a reconhecer a potencialidade financeira na materialidade de fatores ESG e a considerá-los na seleção e gestão do seu portefólio. Atualmente, entidades como a *Bloomberg*[76], a MSCI ou a *Sustainalytics*, disponibilizam informação sobre ESG para a indústria financeira que assiste o mercado em decisões de investimento. Contudo, alguns investidores mantêm-se céticos, acreditando que com investimentos sustentáveis os retornos obtidos serão inferiores aos retornos esperados com estratégias convencionais, apesar dos resultados de investigação evidenciarem o contrário.[77]

Na realidade, a relação entre o ESG e a *performance* financeira tem sido extensivamente investigada. Em 2015, um estudo[78] que compilava mais de 2000 estudos empíricos que representavam os dados obtidos em estudos durante três décadas, argumentava que há uma correlação positiva entre a inclusão de ESG e os retornos financeiros. Com 90% dos dados estabeleceu-se uma relação "não-negativa" entre os critérios ESG e a *perfor-*

[76] De acordo com o site da Bloomberg: "No terminal da Bloomberg, dados ESG são disponibilizados ao lado de dados fundamentais nos mesmos écrans que os investidores usam todos os dias, facilitando a análise de integração de riscos e oportunidades ESG no workflow diário".

[77] Bernow B., Klempner B, Magnin C. (2017) *From "why" to "why not": Sustainable Investing as the new normal*, McKinsey & Company, October.

[78] Gunnar Friede, Timo Busch & Alexander Bassen (2015) *ESG and financial performance: aggregated evidence from more than 2000 empirical studies*, Journal of Sustainable Finance & Investment, 5:4, 210-233, DOI: 10.1080/20430795.2015.1118917

mance financeira, isto é, conclui-se que, no mínimo, os fundos sustentáveis apresentaram os mesmos retornos financeiros que os fundos tradicionais. Contudo, a maioria apresentava uma relação positiva. A título de exemplo, mencionamos outros estudos que também reconhecem a ligação entre fatores ESG e *performance* financeira:

- Em 2014, a Universidade de Oxford e o Arabesque Partners[79], apresentaram um estudo (o qual considerava mais de 190 estudos) onde se argumentava que 88% das fontes revistas apresentavam uma relação positiva entre empresas com fortes praticas de sustentabilidade e a sua *performance* operacional (o que em última instância se traduzia em cash flows), e que em 80% das fontes, as práticas de sustentabilidades fortes tinham uma influência positiva na *performance* de investimento;
- Em 2014, o *Institute for Sustainability Leadership* da Universidade de Cambridge[80], selecionou apenas um pequeno número de estudos escolhendo os mais robustos e citando apenas quatro em particular. Os resultados indicaram que uma *performance* pobre em ESG pode estar associada com uma maior volatilidade e/ou um maior custo de capital. Este estudo conclui que os fatores ambiental e social têm uma ligação mais forte com a *performance* do que os indicadores de corporate *governance*;
- Em 2016, a MSCI[81] analisou a relação entre dados ESG e a qualidade de investimento. E, estatisticamente, descobriu uma correlação positiva significativa.

Torna-se assim claro que os fundos sustentáveis constituem portefólios que agregam empresas com maiores preocupações em serem capazes de responder aos desafios futuros, como os temas ambientais, sociais e de *governance*.

---

[79] University of Oxford and Arabesque Partners (2014) *From the stockholder to the stakeholder – How sustainability can drive financial outperformance*, Clark, Feiner and Viehs, September.

[80] Cambridge Institute for Sustainability Leadership (2014) *The Value of Responsible Investment – The moral, financial and economic case for action.* Este estudo é particularmente interessante pois identifica muitas das armadilhas metodológicas nesta área de pesquisa.

[81] Melas D., Nagy Z., Kulkarni P. (2016) *Factor investing and ESG integration*, MSCI, November.

4.4.2. O Investimento Responsável

O conceito de "Investimento responsável" (IR), que muitas vezes é usado como "sinónimo" de Investimento Socialmente Responsável (ISR) ou Investimento Sustentável é relativamente recente. Apesar de todos apresentarem similaridades no que toca à abordagem, nomeadamente em temas que incluem questões ambientais, socais e de sustentabilidade, apenas alguns procuram combinar retorno financeiro com retorno moral ou ético. Além disso, a maioria destas abordagens de investimentos tem como alvos temas específicos (por exemplo, apenas ambientais), enquanto que o IR segue uma abordagem holística cujo objetivo é incluir qualquer e toda a informação que pode ser material para a *performance* do investimento.[82] Assim, o IR pode e deve ser seguido mesmo quando o único propósito do investidor seja o retorno financeiro, isto é, certos investimentos não serão excluídos por causa de preocupações éticas[83]. Com o IR estão em causa ganhos financeiros, a gestão de risco e responsabilidade corporativa, numa perspetiva de longo prazo.[84]

O conceito de IR surge temporalmente após o ISR. Nos anos 90, o debate sobre a correlação entre responsabilidade social corporativa e o retorno financeiro ganhou algum *momentum*. Muitos dos que defendiam a aplicabilidade de ISR argumentavam que, este tipo de investimento proporcionava um maior retorno financeiro a longo prazo, uma vez que considerava a materialidade de riscos não-financeiros para os retornos financeiros. Inspirados pelo Relatório de Brundtland[85], o conceito de sustentabilidade foi integrado nos ISR durante este período, e o primeiro índice de sustentabilidade – *Dow Jones Sustainability Index* (DJSI), foi lançado.[86] No mesmo período, o ISR não só excluía investimentos devido a razões éticas[87] (por exemplo, energia nuclear, entretenimento para adultos, tabaco e álcool), como também explicitamente suportava o investimento em categorias que

[82] Para mais informações, consultar: www.unpri.org.

[83] Weber and Feltmate, *Sustainable Banking.*

[84] Hebb et al., *Handbook of Responsible Investiment.*

[85] O Relatório Brundtland, intitulado por "*Our Common Future*", foi publicado em 1987. Neste relatório, surge a proposta de definição de Desenvolvimento Sutentável como "aquele que atende às necessidades do presente sem comprometer a possibilidade de as gerações futuras atenderem às suas necessidades".

[86] Weber e Feltmate, *Sustainable Banking.*

[87] Nos EUA, e tipicamente em pequenas empresas de investimento ("*boutique*") que investiam de acordo com a estratégia de "*negative screening*".

tivessem um impacte positivo no desenvolvimento sustentável[88] (por exemplo, energias renováveis) e/ou que usassem a *governance* corporativa na tentativa de mudar o comportamento das empresas.[89]

Em 2006, os ISR entraram na dinâmica do setor do investimento institucional e foram lançados os Princípios para o Investimento Responsável (PRI)[90]. Os PRI foram criados como uma *spin-off* da UNEP FI e da UN Global Compact. Os PRI, rapidamente se tornaram um marco global para o IR e contam atualmente com mais de 1900 signatários a nível mundial (entre os quais proprietários de ativos[91], gestores de investimentos[92] e prestadores de serviços[93]), representando mais de 89 biliões de dólares em AuM[94]. Os signatários acreditam que os critérios ESG podem afetar o desempenho dos portefólios de investimento e consequentemente, influenciar diretamente as empresas a fim de melhorar a sua *performance* nestas áreas e contribuir para uma economia global mais sustentável e inclusiva[95].

Durante muito tempo, muitos investidores procuravam alinhar o seu portefólio com os valores e princípios que defendiam, quer em termos orga-

---

[88] No Reino Unido, e em oposição ao que acontecia nos EUA, usavam estratégias de investimento de "positive screening" ou de "engagement".

[89] Hebb et al., *Handbook of Responsible Investiment.*

[90] No início de 2005, o secretário geral das Nações Unidas Kofi Annan, convidou um grupo dos maiores investidores institucionais do mundo a juntarem-se a um processo para desenvolverem os Princípios para o Investimento sustentável. O grupo, constituído por 20 pessoas de instituições de 12 países foi suportado por um grupo de 70 experts da indústria de investimentos, organizações intergovernamentais e da sociedade civil. Os PRI foram oficialmente lançados em abril de 2006 na New York Stock Exchange. Desde então o número de signatários cresceu de 100 para 1800.

[91] Proprietários de Ativos são organizações que representam, em última instância, detentores de poupança para reforma (ex. fundos de pensões), seguros e outros ativos a longo prazo (ex. investidores institucionais que investem capital), sendo a principal categoria de signatário.

[92] Gestores de Investimento são instituições de investimento que atendem o mercado institucional e administram investimento em benefício de alguém.

[93] Prestadores de serviços são organizações que oferecem produtos (ex. informação ou dados) ou serviços (ex. consultadoria) para detentores de ativos e/ou gestores de investimento. Note-se que, embora estes não estejam formalmente a controlar esses ativos, podem influenciar significativamente os seus clientes em questões de ESG (ex. agências de rating ou de research).

[94] *PRI Annual Report 2018* (Online) Disponível em: https://www.unpri.org/annual-report-2018/how-we-work/the-pri-in-numbers.

[95] Os signatários ABN AMRO, ING e Rabobank lançaram linhas de referência financeiras para a economia circular. Para informação mais detalhada, consultar: https://www.rabobank.com/en/images/circular-economy-finance-guidelines-secure-july-2018.pdf.

nizacionais, quer em termos individuais. Ultimamente, alguns investidores procuram alocar o seu capital em prol da economia do futuro, ou seja, esperando obter um resultado que não só esteja alinhado com os seus valores como também possa criar mudanças positivas. Por exemplo, procuram investir em empresas com maior diversidade de género ou empresas que tenham maior eficiência de recursos nas suas operações.

Porém, o grande desafio para as instituições financeiras é a consideração de implicações a longo prazo dos seus investimentos. As alterações climáticas são um tópico muito importante e urgente. No entanto, não menos importantes, outros tópicos tais como os temas de direitos humanos, *standards* laborais e ética nos negócios também o são. Atualmente, a sociedade e as entidades reguladoras estão a exigir responsabilidades às empresas e às instituições financeiras relativamente à sua contribuição para um futuro comum. De acordo com a Robeco[96], existem quatro motivos essenciais que impulsionam os investimentos sustentáveis: o dever, a imagem, melhoria da análise de risco e do retorno e o cumprimento das crenças dos investidores. A Robeco identifica também um processo de 7 passos que os investidores podem seguir na tomada de decisão num investimento sustentável:

1. Definição de um propósito
2. Estabelecimento de prioridades
3. Consideração de *overlays*
4. Implementação do tema
5. Análise do risco e do retorno
6. Seleção e monitorização
7. Integração e avaliação

Com a integração de ESG pretende-se incluir mais informação nas análises e assim aperfeiçoar o processo de investimento. No entanto, os investidores e *stakeholders* deparam-se com algumas dificuldades: dúvidas quanto à terminologia usada; utilidade e qualidade dos dados disponíveis; e a falta de informação *standard* que possam medir e avaliar o desempenho das empresas nas áreas de ESG. A forma de processamento desta informação tem melhorado significativamente com as inovações que têm ocorrido na

[96] A RobecoSAM é uma empresa de investimento internacional com um foco específico em investimentos sustentáveis, ou seja, considera critérios ambientais, económicos e sociais nas suas estratégias de investimento. A empresa tem sede em Zurich (Suíça), publica o DJSI e gere 100 mil milhões de euros de ativos de sustentabilidade integrados em *equity, fixed income e private equity*.

área das ciências de dados, existindo ainda um longo caminho a percorrer. No entanto, é já hoje exigido uma compreensão clara e capaz de demonstrar quais os fatores ESG que são materiais para a *performance* financeira das organizações, o que pode acarretar alguma pressão adicional às empresas.[97]

Ao longo dos anos foram surgindo vários princípios orientadores e indutores da *Sustainable Finance*. Foram também surgindo novos mercados de negócio como os rankings e os índices financeiros de sustentabilidade. De seguia iremos sumariar algumas destas iniciativas.

4.5. As Atividades Financeiras Voluntárias

4.5.1. Princípios para o investimento responsável

> *"O PRI trabalha em conjunto com sua rede internacional de signatários para colocar em prática os seis Princípios para o Investimento Responsável. O objetivo dos Princípios é compreender as implicações do investimento sobre temas ambientais, sociais e de governance, além de oferecer suporte para os signatários na integração desses temas com suas decisões de investimento e propriedade de ativos."*
>
> PRI

Os PRI são princípios voluntários e foram formulados num contexto de discussão consensual com múltiplos e diversos *stakeholders*.

Ao assinarem a "Carta de Princípios", os signatários do PRI assumem os seguintes compromissos[98]:

1. Incorporar as questões ambientais, sociais e de *governance* (ESG) nas análises de investimento e nos processos de tomada de decisão;
2. Incentivar a adoção dos temas de ESG nas políticas e práticas de detenção de ativos;
3. Buscar a transparência adequada nas empresas em que investimos (investidores institucionais) quanto às questões de ESG;
4. Promover a aceitação e implementação dos princípios no conjunto de investidores institucionais;

---

[97] Skroupa C. (2017) *High ESG Performance Translates into high financial performance*, Forbes, June.

[98] Para mais informações, consultar: https://www.unpri.org/pri/what-are-the-principles-for-responsible-investment.

5. Estimular o trabalho conjunto para reforçar a eficiência na implementação dos princípios;
6. Divulgar as atividades e progressos em relação à implementação dos princípios.

O PRI salienta que, o reconhecimento dos princípios não é a "carta de intenções não-vinculativa", mas que esta deve ser seguida se o signatário estiver seriamente disposto a implementar os princípios. Dentro dos seis princípios, os cinco primeiros permitem uma certa liberdade quer em extensão quer na definição de estratégias de implementação. O PRI é, portanto, uma *framework* que pode ser aplicada de um modo flexível tendo em conta o perfil e as circunstâncias individuais do signatário. Relativamente ao Princípio 6 – Divulgar as atividades e progressos em relação à implementação dos princípios (através do relatório anual) – são consideradas especificações e critérios vinculativos que têm de ser cumpridos pelos proprietários de ativos e gestores de investimentos.[99]

O PRI apoia os signatários na implementação dos seis princípios e na otimização das práticas dos investidores através dos grupos de trabalho PRI. O acesso à *network* do PRI proporciona também aos signatários um conjunto de serviços de suporte em desafios específicos dos seus mercados locais (redes regionais) e internacionais, oferecendo também a oportunidade de colaboração e de partilha de experiências e conhecimento (por exemplo, Evento "*PRI in Person*", seminários e *webinars*, publicações PRI) ou de adaptação dos recursos do PRI para os mercados locais[100] (por exemplo, formação online da *PRI Academy*, certificada pelo CFA em temas ESG). Adicionalmente, os signatários dos PRI têm acesso a importantes *decision-makers* e *stakeholders*, dentro e fora do setor financeiro[101].

Os signatários têm assim uma oportunidade de, não só se posicionarem como agentes de um mercado responsável e de contribuírem para o sucesso desta iniciativa, como também cumprirem com os seus deveres fiduciários de uma forma mais robusta e extensa através da integração dos critérios

---

[99] HaBler R., Jung T. H. (2015) *In Principle Good: The Principles for Responsible Investment, Responsible Investment Banking*, CSR, Sustainability, Ethics & Governance, Springer International Publishing, Springer International Publishing Switzerland (identificado nas próximas notas de rodapé como Habler e Jung, *In Principle Good)*

[100] Mercados regionais: América do Norte, América do Sul, Reino Unido e Irlanda, Países Nórdicos, Europa Continental, África, Japão, e Austrália e Nova Zelândia.

[101] Habler e Jung, *In Principle Good.*

ESG. Atualmente existem 3 entidades portuguesas signatárias do PRI: Crest Capital Partners, Ocidental Pensões e Vallis Capital Partners.

4.5.2. Os índices de sustentabilidade

Cerca de dois terços dos investidores institucionais agora acreditam que é possível construir modelos que mostram a relação entre fatores ESG materiais e a *performance* financeira[102]. A relevância de informação comparável e consistente abriu portas para o desenvolvimento do mercado de serviços financeiros de sustentabilidade, nomeadamente: agências de *ratings* e *rankings* de dados ESG, índices de sustentabilidade e fundos responsáveis.

A indústria de rankings e ratings de dados ESG cresceu tremendamente nas últimas décadas[103], em grande parte devido ao aumento da notoriedade do investimento responsável. Entre 2010 e 2017, a procura por este tipo de dados "não-financeiros", registou um aumento, sendo amplamente procurados por empresas, clientes, investidores e estudantes para diversas utilizações. Apesar do seu variado uso, ainda pouca investigação existe nesta indústria.

Com o aumento do número de títulos cobertos por *ratings* ESG, a popularidade das agências de *ratings* (como a MSCI ESG e a *Sustainalytics*), e dos rankings (*Dow Jones Sustainablity Index* (DJSI) e *FTSE4Good Index Series*) aumentou, assim como diversidade e complexidade de iniciativas que foram lançadas. No entanto, nem todos os *raters* e *rankers* de sustentabilidade partilham o mesmo resultado no que diz respeito à classificação de quais as empresas são as mais responsáveis e as que são menos responsáveis[104]. A credibilidade da informação, independência, transparência e a falta de *standardização* são muitas vezes questionadas e, consequentemente, gera alguma confusão entre os profissionais e *stakeholders*.

---

[102] Sullivan G. (2018) *ESG Integration on the Rise: And how to implement it in your portfolio*, By Global Head of Alternative Investment Solutions, April (Online) Disponível em: https://www.aima.org/article/esg-integration-on-the-rise-and-how-to-implement-it-in-your-portfolio.html.

[103] De acordo com o estudo "*Rate the Raters da Sustainability*" (http://sustainability.com/rate-the-raters/), em 2010 eram 108 ratings, rankings e índices de sustentabilidade. Em 2017, superavam os 600.

[104] Mooij, Stephanie. (2017) *The ESG Rating and Ranking Industry. The Issue of [ESG] Reporting Fatigue.*

A maioria das organizações de *rankings* e *ratings* dependem parcialmente ou totalmente da informação submetida pelas empresas. As empresas, ao terem de submeter toda a informação necessária a cada questionário, acabam por ter elevados esforços neste processo de reporte. Muitos dos índices têm-se expandido para cobrir mais questões e como tal, tem aumentando o número de *surveys* e o número de elementos por *surveys*. As empresas fazem um grande esforço para acompanhar todos estes *surveys*, que lhes são enviados muitas vezes ao mesmo tempo, forçando-as a priorizarem alguns dos ratings e a ignorarem outros. A escolha de resposta a apenas alguns dos *surveys* acarreta alguns riscos de desalinhamento entre empresas e investidores. Na realidade, nem todos os ratings ESG têm acesso à mesma informação, e muitas vezes os utilizadores dessa informação ficam sujeitos às falhas dos índices e guiam-se por pontuações que não refletem a história toda dessa organização.[105].

Existem inúmeros fornecedores de dados ESG, sendo alguns dos mais conhecidos do cenário de investimento responsável os seguintes[106]:

- *Bloomberg ESG Data Service*
- *FTSE4Good Index*
- *Corporate Knights Global 100*
- *Dow Jones Sustainability Index (DJSI)*[107]
- *Institutional Shareholder Services (ISS)*
- *MSCI ESG Research*
- *RepRisk*
- *Sustainalytics Company ESG Reports, e*
- *Thomson Reuters ESG Research Data.*

[105] Para informação mais detalhada, consultar o "*Rate the Raters*", da SustainAbility, disponível em: http://sustainability.com/rate-the-raters/.

[106] Huber B. M., Comstock M., Davis Polk & Wardwell LLP (2017) *ESG Reports and Ratings: What They are, Why they Matter*, Harvard Law School Forum on Corporate Governance and Financial Regulation, July; e BCSD Portugal (2017) Guia para apoiar as empresas a reportar os indicadores ESG.

[107] RobecoSAM faz parceria com a *S&P Dow Jones Indices* desde 1999 e fornece o research que alimenta as series do *S&P Dow Jones Sustainability Index*.

4.5.3. Príncipios para os seguros sustentáveis

"Similar to the role the Principles for Responsible Investment play for asset managers and the Principles for Sustainable Insurance for insurance underwriters, these standards will address the longstanding need for an umbrella framework to cover all aspects of sustainable banking."

UNEP FI

Os *Principles for Sustainable Insurance* (PSI) foram lançados em 2012 e pela UNEP-FI, para apoiar os objetivos da Conferência das Nações Unidas para o Desenvolvimento Sustentável ("Rio +20"). Os seus signatários consideram questões ambientais, sociais e de *governance* na cadeia de valor, incluem-nas sistematicamente nas suas atividades e divulgam o seu progresso periodicamente. Os PSI são quatro princípios voluntários e apresentam-se sob uma estrutura opcional e aspiracional para a atividade comercial do mercado de seguros[108]:

Princípio 1: Incluir no processo de tomada de decisão questões ambientais, sociais e de *governance* que sejam relevantes para a atividade em seguros;

Princípio 2: Trabalhar em conjunto com os clientes e parceiros comerciais para aumento da consciencialização sobre questões ambientais, sociais e de *governance*, gestão de riscos e desenvolvimento de soluções;

Princípio 3: Trabalhar em conjunto com governos, órgãos reguladores e outros públicos estratégicos para promover ações amplas na sociedade sobre questões ambientais, sociais e de *governance*;

Princípio 4: Demonstrar responsabilidade e transparência divulgando com regularidade, publicamente, os avanços na implementação dos Princípios.

Atualmente não existem signatários portugueses.

[108] Para informação mais detalhada, consultar: http://www.unepfi.org/psi/.

4.5.4. Príncipios para banca responsável

Similarmente ao papel desempenhado pelos *standards* PRI e PSI, foram desenvolvidos os *Principles for Responsible Banking* (PRB)[109], por uma coligação de 28 bancos[110] dos 5 continentes, representando 17 billiões de dólares em ativos, numa iniciativa igualmente convocada pela UNEP FI.

Os PRB irão, pois, estabelecer um benchmarking global para a banca sustentável e irão permitir que bancos de todo o mundo possam "reafirmar o seu propósito e alinhar a sua estratégia de negócio" com os ODS e o Acordo de Paris, bem como com as *frameworks* nacionais e regionais. Os bancos signatários terão de estabelecer metas e reportar na sua contribuição para os objetivos nacionais e internacionais a nível social, ambiental e económico. Os princípios irão também assegurar a prestação de contas e transparência dos impactes dos bancos e desafiar o setor bancário a desempenhar um papel de liderança para a criação de um futuro mais sustentável. Assim, os bancos comprometem-se a:

Princípio 1: Alinhamento

Alinhar a sua estratégia de negócio de modo a ser consistente e a contribuir para as necessidades dos indivíduos e dos objetivos da sociedade, como expresso nos ODS, Acordo de Paris e nas *frameworks* relevantes nacionais e regionais; Focar os seus esforços onde o seu impacte é mais significativo.

Princípio 2: Impacte

Aumentar continuamente os seus impactes positivos enquanto reduzem os seus impactes negativos, e gerindo os riscos para pessoas e para o ambiente, resultantes das suas atividades, produtos ou serviços.

---

[109] Para mais informação, consultar: http://www.unepfi.org/banking/bankingprinciples/.

[110] Membros do grupo core: Access Bank (Nigéria), Arab African International Bank (AAIB) (Egipto), Banco Pichincha (Equador), Banorte (México), Barclays (Reino Unido), BBVA (Espanha), BNP Paribas (França), Bradesco (Brasil), Commercial International Bank (CIB) (Egipto), CIMB Group Holding Berhad (Malásia), First Rand (África do Sul), Garanti Bank (Turquia), Golomt Bank (Mongólia), Hana Financial Group (Coreia do Sul), Industrial and Commercial Bank of China (ICBC) (China), ING (Holanda), KCB Group (Kénia), Land Bank (Filipinas), NAB (Austrália), Nordea (Suécia), Piraeus Bank (Grécia), Santander (Espanha), Shinhan Financial Group (Coreia do Sul), Société Générale (França), Standard Bank (África do Sul), Triodos Bank (Holanda), Westpac Group (Austrália), YES Bank (Índia).

Princípio 3: Clientes
Trabalhar responsavelmente com os seus clientes de modo a encorajar práticas sustentáveis e a possibilitar atividades económicas que criem prosperidade partilhada para gerações atuais e futuras.

Princípio 4: Stakeholders
Consultar, envolver e criar parcerias de forma proactiva e responsável, com stakeholders relevantes para alcançar os objetivos da sociedade.

Princípio 5: *Governance* e definição de metas
Implementar o seu compromisso com estes princípios através de *governance* efetiva e com uma cultura de banca responsável, demonstrando ambição e accountability através do estabelecimento de metas públicas relativas aos seus impactes mais significativos.

Princípio 6: Transparência e *Accountability*
Rever periodicamente a sua implementação individual e coletiva destes princípios, e ser transparente e responsável acerca dos mesmos, para os seus impactes positivos e negativos, e a sua contribuição para os objetivos da sociedade.

Os PRB foram divulgados em Novembro de 2018 durante a UNEP FI *Global Roundtable 2018* que ocorreu em Paris. A Consulta pública[111] estará aberta até 31 de Maio de 2019. A versão final dos princípios ficará disponível em setembro de 2019.

4.6. A Task Force on Climate-Related Financial Disclosures

"Climate change is the tragedy of the horizon. We don't need an army of actuaries to tell us that the catastrophic impacts of climate change will be felt beyond the traditional horizons of most actors – imposing a cost on future generations that the current generation has no direct incentive to fix. ... The horizon for monetary policy extends out to two to three years. For financial stability it is a bit longer, but typically only to the outer boundaries of the credit cycle – about a

[111] Os bancos, outras instituições financeiras e partes interessadas foram convidadas a responder à consulta pública dos princípios e guias de implementação até maio de 2019.

decade. In other words, once climate change becomes a defining issue for financial stability, it may already be too late." [112]

Mark Carney

Governador do Banco de Inglaterra e Presidente do *Financial Stability Board*

A *Task Force on Climate-related Financial Disclosures* (TCFD)[113] foi estabelecida pelo *Financial Stability Board* (FSB), a pedido dos Ministros das Finanças do G20 e dos Governadores dos Bancos Centrais, para efetuar uma revisão do estado de arte do setor financeiro relativamente às alterações climáticas, uma vez que o *Financial Stability Board* reconheceu que as alterações climáticas constituem um risco sistémico para o setor financeiro. A TCFD, é liderada pelo governador do Banco de Inglaterra e Presidente do FSB, Mark Carney e presidido pelo Michael Bloomberg (antigo *Mayor* de Nova Iorque). A TCFD emitiu um conjunto de recomendações sobre gestão de risco climático e respetiva divulgação pelas instituições financeiras[114].

As recomendações da *task force* focam-se essencialmente numa divulgação mais efetiva das questões relacionadas com as alterações climáticas de cada organização, e pretendem: i) promover a subscrição de investimento, crédito e seguros de uma forma mais informada; e, em contrapartida, ii) permitir aos *stakeholders* uma melhor compreensão sobre a concentração de ativos relacionados com carbono no setor financeiro e, a exposição dos sistemas financeiros a riscos relacionados com as alterações climáticas.

Estas recomendações propõem um conjunto de orientações sobre como podem as empresas divulgar, de forma clara e comparável, os riscos e oportunidades para o seu negócio que decorrem das alterações climáticas, de forma a informar os investidores, as seguradoras e os bancos sobre essa visão sobre o futuro. Igualmente, as recomendações constituem uma *framework*, sobre como é que os temas climáticos devem ser trabalhados na *governance* da

---

112 De um discurso de Mark Carney, Governador do Banco de Inglaterra e Presidente do *Financial Stability Board*, "Breaking the tragedy of the horizon – climate change and financial stability", em Lloyd's of London, Londres, 29 setembro 2015.

113 A TCFD tem 32 membros internacionais (16 experts do Setor financeiro, 8 experts de setores não financeiros e outros 8 experts), liderados por Michael Bloomberg. Inclui provedores de capital, seguros, empresas não financeiras de grande dimensão, empresas de contabilidade e consultadoria e agências de avaliação de crédito.

114 Em Novembro de 2017, o Comité dos Assuntos Económicos e Monetários do Parlamento Europeu, emitiu uma proposta que irá alterar o Regulamente de Requisitos de Capital da União Europeia para tornar obrigatória a gestão de risco climático e as divulgações.

empresa, evidenciando a importância de se analisar e discutir o tema ao nível da estratégia da empresa e da gestão do risco, reforçando a necessidade de se estabelecerem métricas para quantificar o desempenho da organização nestas matérias. As recomendações são primariamente direcionadas para organizações cotadas em bolsa ou com empréstimos significativos, gestores de ativos e acionistas, mas também para associações industriais, bancos centrais, governos, reguladores e outros. As recomendações foram bem recebidas pelo mundo empresarial, investidores e governos fornecendo uma estrutura de reporte globalmente consistente para as várias organizações, sejam elas empresas, bancos, seguradoras ou outros agentes económicos.

Esta divulgação pública de riscos e oportunidade irá dar a oportunidade às empresas de realçar como é que esses riscos e oportunidade estão a ser geridos e avaliados. Ao fazerem isto, as empresas conseguem melhorar a forma como medem os seus próprios riscos, e os investidores podem tomar decisões mais informadas sobre onde alocar o seu capital.

A TCFD apresentou as suas recomendações finais em julho 2017 e, desde então, cerca de 400 companhias expressaram o seu suporte público[115]. A implementação das recomendações da TCFD foram igualmente defendidas pelo *High level Expert Group on Sustainable Finance* no seu relatório final[116], tendo sido reforçado que a divulgação e transparência dos riscos e oportunidades das alterações climáticas é uma das prioridades deste grupo.

As recomendações foram estruturadas em 4 áreas temáticas que representam os 4 elementos de como as organizações operam: *governance*; estratégia, gestão de risco, métricas e metas.

---

[115] Em setembro de 2018, pelo *One Planet Summit*, 513 organizações expressaram o seu suporte pela TCFD. O suporte público traduz-se num sinal claro para os investidores, clientes e empregados das organizações que estas estão a considerar as implicações das alterações climáticas nos seus negócios. Em Portugal, as organizações/entidades: Autoridade de Supervisão de Seguros e Fundos de Pensões (ASF), EDP e GALP expressaram o suporte pela TCFD. Para mais informações, consultar: https://www.fsb-tcfd.org/tcfd-supporters/.

[116] Ver secção seguinte.

Figura 7. Os elementos-chave das recomendações da TCFD[117]

A implementação das recomendações da TCFD será um passo crítico para continuar a implementar a *Sustainable Finance* de forma massificada no mercado financeiro. Para além das recomendações, a task force desenvolveu guias suplementares para organizações financeiras[118] e não financeiras[119] de modo a ajudar essas organizações na implementação das recomendações de divulgação.

A implementação das recomendações antevê como potenciais benefícios os seguintes pontos:

- Melhor acesso a capital em consequência de um aumento da confiança dos investidores e credores devido ao facto da empresa divulgar de forma clara como está a antecipar os riscos decorrentes das alterações climáticas;

[117] Figura traduzida pelas autoras. Para informação mais detalhada, consultar https://www.fsb-tcfd.org/publications/final-recommendations-report/#.

[118] O setor financeiro foi organizado em quatro grandes indústrias, baseados na *performance* das suas atividades, nomeadamente, crédito (bancos), subscrição (companhias de seguros), gestão de ativos (gestores de ativos), e investimento (proprietários de ativos).

[119] Os grupos não financeiros identificados pela TCFD tiverem em conta a maior proporção de emissões de gases com efeito de estufa, uso de energia e de água. Estes grupos são: Energia, Transportes, Materiais e Edifícios (Construção), e Agricultura, Indústria Alimentar e Produtos florestais.

- Cumprimento de forma mais efetiva dos requisitos de divulgação para relato de informação material nos relatórios financeiros;
- Melhoria da perceção e compreensão de riscos e oportunidades relacionadas com as alterações climáticas dentro das organizações, resultando numa melhor gestão de risco e planeamento estratégico;
- Compilação num único documento das exigências de informação dos investidores relacionadas com as alterações climáticas, reduzindo assim o potencial número de pedidos de informação recebidos pelas empresas.

4.6.1. Os riscos climáticos

"Transition Risks could start to materialise from as early as 2020, in some scenarios."

ERIC COCHARD
Diretor para o Desenvolvimento Sustentável, Crédit Agricole CIB

Os supervisores bancários e reguladores têm manifestado a consciencialização da materialidade das questões de sustentabilidade. No entanto, a interpretação e implementação das recomendações da TCFD requer também um esforço e compromisso por parte das organizações. Por sua vez, os bancos têm uma oportunidade para dar forma ao relato do risco climático: divulgar informação consistente e credível (como estão a antecipar, responder ou a falhar em relação às oportunidades/riscos de alterações climáticas) e, garantir que as suas análises têm utilidade para as suas instituições, *stakeholders* e para o mercado.

Existem essencialmente três riscos climáticos, através dos quais a estabilidade financeira é afetada[120]:

- Riscos de Transição (*Transition Risks*) – O risco de que alguns investimentos serão desvalorizados devido a mudanças nas políticas, tecnologias ou sentimento do investidor, apesar de se assumir a mudança para uma uma economia de baixo carbono. A maior parte dos bancos considera este risco como uma ameaça mais imediata;

---

[120] De um discurso de Mark Carney, Governador do Banco de Inglaterra e Presidente do *Financial Stability Board*, "A Transition in Thinking and Action, International Climate Risk Conference for Supervisors", em De Nederlandsche Bank, Amesterdão, 6 abril 2018.

- Riscos Físicos (*Physical Risks*) – resultantes dos impactes das alterações climáticas, tais como os riscos de inundação causados pelo aumento do nível do mar ou de condições climatéricas extremas;
- Riscos de Responsabilidade (*Liability Risks*) – o risco de ser processado pelas partes que sofreram perdas ou danos.

Relativamente aos riscos físicos, a Acclimatise[121], juntamente com o Banco Europeu para a Reconstrução e Desenvolvimento (*European Bank for Reconstruction and Developement* – EBRD), e em parceria com o *Global Centre of Excellence on Climate Adaptation* (GCECA), desenvolveram um relatório com orientações práticas para as empresas que pretendem divulgar os seus riscos e oportunidades relativos aos impactes decorrentes dos riscos físicos.

Além disso, a Acclimatise juntamente com a UNEP FI e 16 bancos[122], desenvolveram um conjunto de metodologias para os bancos avaliarem os riscos climáticos físicos nos seus portefólios de empréstimos[123]. Estas avaliações originam previsões a longo prazo que vão além do habitual horizonte de 2 a 3 anos existente nos testes de stress. Estas metodologias foram publicadas num relatório – "*Navigating a new climate*"[124] – e foram objeto do projeto piloto em três setores industriais sensíveis ao clima: agricultura, energia e imobiliária.

> *"This report provides a practical way to assess the physical risks of climate change, which we have piloted on our real estate mortgage portfolio to consider how flood risks could impact Barclays' customers now and, in the future,, (...) this type of assessment helps us to manage climate change risk and opportunity, both at a transactional and portfolio level."*
>
> Jon Whitehouse
> Diretor das Relações Governamentais e de Cidadania, Barclays

---

[121] Acclimatise é uma empresa de consultadoria especializada em adaptação às alterações climáticas e de gestão de risco.

[122] Os bancos envolvidos neste projeto-piloto são: ANZ, Barclays, BBVA, BNP Paribas, Bradesco, Citi, DNB, Itaú Unibanco, National Australia Bank, Rabobank, Royal Bank of Canada, Santander, Société Générale, Standard Chartered, TD Bank Group e UBS. Os 16 bancos comprometeram-se a publicar um relatório da TCFD em meados de 2019.

[123] Nestas metodologias, foram também incluídas na avaliação dos impactes nas principais métricas de risco de crédito – os rácios *Probability of Default* (PD) e *Loan-to-value* (LTV).

[124] UNEP FI and Acclimatise (2018) *Navigating a New Climate: Assessing credit Risk and opportunity in a changing climate: Outputs of a working group of 16 banks piloting the TCFD Recommendations*, Part 2: Physical Risks and Opportunities, July.

O relatório evidenciou que os riscos físicos poderão piorar caso a economia global continue o seu caminho atual de emissões de gases com efeito de estufa. Os impactes negativos futuros poderão ser minimizados, mas não evitados completamente, se forem feitos esforços rápidos e exaustivos para diminuir as emissões.

As metodologias foram desenhadas para possibilitar aos bancos uma maior transparência acerca da sua exposição a riscos e oportunidades relacionadas com clima, em linha com as recomendações da TCFD. Estas metodologias ajudam também os bancos a identificar as estratégias que podem tomar para ajudar os seus clientes a melhor gerir os riscos climáticos, uma vez que tal contribui positivamente para a resiliência dos bancos.

Adicionalmente, há um novo mercado global de produtos e serviços relacionados com o clima que se está a desenvolver. As empresas que fornecem produtos e serviços de engenharia e tecnologia estão a identificar novas oportunidades de mercado decorrentes da necessidade que existe em baixar as emissões de CO_2 nos vários setores económicos. Estas oportunidades de mercado pode significar potenciais novos segmentos de negócio para a banca que se interessem em financiar estes projetos.

4.6.2. Os testes de stress e os cenários

> *"When the TCFD recommendations were issued, we immediately said we want to follow those recommendations. A lot of investors are asking us more and more about climate change and climate-related assets."*
>
> Antoni Ballabriga
> Diretor Global da Unidade de Responsabilidade Corporativa, BBVA

O uso de testes de stress pelos maiores bancos remota ao inicio dos anos 90. Uma das mais recentes adições à prática dos testes de stress é o risco representado pelas alterações climáticas e pela regulamentação ambiental. O uso dos testes de stress, bem como a análise de cenários, para prever o impacte das mudanças climáticas nos portefólios de empréstimos é relativamente recente[125] e alguns bancos já estão a ajustar as suas estratégias de empréstimo com base nas suas avaliações de risco.

[125] Marlin, S. (2018) *Banks begin to model climate risk in loan portfolios – Environmental stress tests and scenario analysis reveal hidden risks, Risk Management,* Risk.net, 16 janeiro (Online)

A identificação (e medição) dos riscos relacionados com as alterações climáticas estão a merecer a atenção dos bancos, tendo o Banco Central Europeu reconhecido que os riscos climáticos constituem parte dos principais riscos que podem afetar o sistema financeiro a médio-longo prazo. Assim, tem-se verificado um interesse crescente em incluir nos testes de stress dos bancos uma análise aos riscos climáticos. A *Network for Greening the Financial System*, uma orgnização voluntária que junta bancos centrais e supervisores, reconheceu em novembro de 2018, a necessidade de se desenvolverem novas abordagens analíticas e de supervisão, incluindo a análise de cenários futuros e os testes de stress. A *framework* da TCFD tem facilitado o processo, nomeadamente através da identificação de métricas e da promoção do uso de cenários relacionados com o clima.

O objetivo das análises de cenários defendida pela TCFD pretende melhorar a resiliência e robustez de um negócio. No caso das alterações climáticas, os cenários relacionados com o clima permitem que uma organização explore, avalie e compreenda como os riscos (e as oportunidades) físicos e de transição das mudanças climáticas podem impactar de forma plausível os negócios a longo prazo. No entanto, a seleção de um conjunto limitado de cenários que cobrem uma variedade de resultados futuros (favoráveis e desfavoráveis), é um aspecto crítico. Relativamente às alterações climáticas, a TCFD recomenda que as organizações usem pelo menos um cenário de 2° C (Celsius) e considere outros cenários mais relevantes de acordo com as circunstâncias da organização[126]. Esta recomendação traz desafios imensos para as empresas e para os próprios bancos.

4.6.3. A dimensão social nas estratégias climáticas

> *"A just transition is an economy-wide process that produces the plans, policies and investments that lead to a future where all jobs are green and decent, emissions are at net zero, poverty is eradicated, and communities are thriving and resilient."*
>
> (ITUC, 2017a)

Disponível em: https://www.risk.net/risk-management/5380376/banks-begin-to-model-climate-risk-in-loan-portfolios.

[126] TCFD (2017) T*he use of Scenario Analysis in Disclosure of Climate -Related Risks and Opportunities*, Technical Supplement, June.

Por fim faz sentido referir que a dimensão social está, de um modo geral, em falta na maioria das estratégias de abordagem às alterações climáticas por parte dos investidores. Até à data, os investidores não estiveram ativamente envolvidos no crescente número de incitativas em prol de uma transição justa. Os investidores podem promover esta transição justa através de quatro áreas de atuação: através das estratégias de investimento, diálogo corporativo, alocação de capital e diálogo sobre as políticas. O baixo perfil atribuído aos elementos relacionados com as condições de trabalho e comunidade nas alterações climáticas nas recomendações de relato da TCFD é ilustrativo deste caso. Mobilizar os recursos humanos, incorporando uma dimensão social robusta nas suas abordagens estratégicas, será um dos fatores críticos que determinarão o sucesso corporativo em responder às alterações climáticas. O âmbito da TCFD não inclui a dimensão social mais alargada e implicações como estas são apenas mencionadas ocasionalmente dentro das recomendações[127]. O tema "social" necessita assim de ser mais desenvolvido e incorporado pela economia verde e de baixo carbono.

4.7. O High Level Expert Group on *Sustainable Finance*

> *"In short, Sustainable Finance means "better development" and "better finance" – development that is sustainable in each of its economic, social and environmental dimensions, and a financial system that is focused on the longer term as well as material ESG factors."*
>
> "*Financing a Sustainable European Economy", High Level Expert Group on Sustainable Finance*, Relatório Interino, julho 2017

O *High Level Expert Group on Sustainable Finance* (HLEG) é uma iniciativa independente e *multi-stakeholder*, estabelecido pela Comissão Europeia[128], em dezembro de 2016. O HLEG[129] foi criado com o objetivo de aconselhar a Comissão Europeia sobre os passos que esta deveria dar na promoção da *Sustainable Finance.*

---

[127] Robins et al., *Just Transition*.

[128] CMVM (2016), Regulamento da CMVM n.o 1/2016 Financiamento Colaborativo de capital ou por empréstimo.

[129] O HLEG colabora com a maior entidade reguladora financeira da União Europeia – Comissão Europeia, que lhe fornece serviços de Secretariado e, suporta o HLEG através das suas especialidades.

4.7.1. As recomendações

Composto por 20 membros especialistas da sociedade civil, do setor financeiro (banca, seguros, gestão de ativos, *Stock Exchanges*), academia e observadores de instituições Europeias e Internacionais[130], o HLEG foi mandatado para prestar aconselhamento à Comissão nos seguintes pontos:

- Conduzir o fluxo de capital privado e público para investimentos sustentáveis;
- Identificar os passos necessários para as instituições financeiras e supervisoras para proteger a estabilidade do sistema financeiro de riscos relacionados com o ambiente;
- Implantar as suas políticas numa escala pan-Europeia.

O HLEG publicou o relatório interino em julho de 2017 – no qual foi apresentada a visão do Grupo para um sistema financeiro sustentável, e o relatório final em janeiro de 2018. No relatório interino apresentou como a sustentabildiade pode ser integrada nos processos principais das finanças, como é que os diferentes participantes no sistema financeiro podem entrar em ação, e como é que o capital pode ser mobilizado mais efetivamente para uma economia sustentável, com um foco particular na mitigação dos riscos climáticos. O relatório divulgou ainda nove recomendações (como ponto de partida) e doze áreas prioritárias (para posterior análise e discussão). Na sequência da publicação deste relatório, ocorreu uma consulta pública[131] sobre os primeiros resultados do HLEG, com o objetivo de gerar *feedback* dos cidadãos Europeus, dos setores financeiros e não financeiros e das autoridades publicas. O Grupo conseguiu, pois, alcançar um conjunto alargado de *stakeholders*, mobilizando-os também através de reuniões em estados membros para estabelecer ligações com instituições a nível nacional e, para discutir as suas necessidades e prioridades.

---

[130] Membros do HLEG on *Sustainable Finance*, página 65 do Interim Report, Financing a Sustainable European Economy, julho 2017.

[131] Foram recebidas cerca de 300 respostas – Uma visão global do *feedback* pode ser consultado no *website* da Comissão Europeia em https://ec.europa.eu/info/consultations/finance-2017-investors-duties-sustainability_en.

No seu relatório final, publicado em janeiro de 2018 e intitulado de "*Financing a Sustainable European Economy*"[132], foram identificadas oito recomendações prioritárias:

1. Estabelecer e manter uma **Taxonomia de sustentabilidade** ao nível da União Europeia (UE), começando pela mitigação das alterações climáticas, para definir áreas onde os investimentos são mais necessários.
   O esforço do HLEG é a primeira tentativa a nível europeu para fornecer uma classificação partilhada da UE de atividades sustentáveis que possa ser aplicável a todos os tipos de ativos e de alocação de capital incluindo *projet finance*, obrigações e *equity*. A taxonomia é estabelecida para incluir ativos que visam as alterações climáticas, sustentabilidade ambiental e social. Neste relatório, há algumas propostas de critérios de *screening* para ativos relacionados com as alterações climáticas, com vista a desenvolver uma taxonomia completa em 2020 através do estabelecimento de um Comité Técnico de Trabalho com representantes públicos e privados. Esta taxonomia é particularmente relevante num mercado onde obrigações sociais e as obrigações relacionadas com os ODS[133] estão a aumentar, sendo também muito útil para os emissores e investidores que preferem investimentos verdes e sustentáveis.
2. Clarificar os **deveres dos investidores (dever fiduciário e de sustentabilidade)** para melhor analisar a materialidade dos riscos e *drivers* de valor, incluindo critérios ambientais, sociais e de *governance* (ESG) nas suas decisões de investimento. E, adotar preferências de longo prazo e de sustentabilidade nas opções de investimento.
3. Reforçar a **disponibilização de informação ambiental, social e *governance* (ESG)** e material para a empresa tornando as oportunidades e riscos de sustentabilidade mais transparentes, a começar com as alterações climáticas, incluindo a implementação das recomendações da TCFD a nível da UE. É sugerido que a UE deverá fazer uma experiência voluntária relativamente à divulgação de acordo com a TCFD, o mais rápido e efetivo possível. E, em paralelo, a UE deve

[132] EU High-Level Expert Group on Sustainable Finance (2017) *Financing a Sustainable European Economy*, Interim Report, July.

[133] De acordo com a *Climate Bonds Initiative*, verifica-se um aumento de ligações entre as obrigações verdes e os ODS, particularmente como uma fonte de financiamento para o subconjunto de objetivos (6,7,9, 11, 13 e 15).

explorar a possibilidade de alinhar, na próxima revisão, a diretiva de informação não financeira com o guia de referência publicado pela TCFD.

4. Desenvolver as **competências em *Sustainable Finance*** nos investidores de retalho: Promover a incorporação dos temas da sustentabilidade no aconselhamento sobre investimentos, criar um *ecolabel* para os produtos financeiros e definir os *standards* minímos de IR.
5. Desenvolver e implementar os *standards* e *labels* **oficiais europeus de Sustentabilidade**, começando pelas obrigações verdes. O HLEG recomenda que a Comissão Europeia crie um *standard* oficial para a emissão de obrigações verdes, identificando os requisitos mandatórios relativamente às atividades alvo da obrigação verde; ao relato e às revisões externas realizadas por entidades independentes e especialistas no tema. A elegibilidade dos projetos verdes deverá ser determinada pelos critérios estabelecidos na taxonomia da sustentabilidade. O HLEG recomenda também o desenvolvimento de critérios de acreditação por entidades externas, bem como a criação de um rótulo para as obrigações verdes Europeias, que possa assim confirmar o alinhamento da obrigação com o *standard* europeu a definir.[134]
6. Estabelecer a organização **"Infraestruturas Sustentáveis Europeias"** para ajudar os estados membros da UE a identificar as infraestruturas necessárias para atingir o Acordo de Paris, bem como fontes de financiamento para esse fim.
   Assegurar o financiamento destes projetos (as novas infraestruturas do século XXI), é a base de qualquer mercado de obrigações verdes ou de qualquer *roadmap* estratégico que se faça para as finanças verdes num país. A identificação destes potenciais investimentos é assim essencial para que o setor financeiro possa realocar o fluxo de capitais para ativos sustentáveis, e possa também diminuir os riscos financeiros que poderão existir na sua carteira, devido aos stranded assets.
7. Reorganizar a ***governance* e a liderança das empresas** para desenvolver competências em *Sustainable Finance*. A cultura corporativa no setor financeiro precisa de estar mais alinhada com o longo prazo e com as políticas internacionais e nacionais do foro climático. É assim necessário que as normas e os valores do sistema financeiro seja compatíveis com uma visão de mundo mais tecnológico, mas mais limpo e inclusivo.

---

[134] Isto é essencialmente o modelo de *Climate Bonds Standard & Certification Scheme*.

8. Incorporar a ***Sustainable Finance* nas instituições financeiras e nas agências europeias de supervisão** como parte dos seus mandatos.

As recomendações 1., 5. e 6. são as três recomendações mais centrais para o crescimento do mercado das obrigações verdes.

Paralelamente, o relatório final apresentou também várias recomendações transversais, incluindo: a promoção do envolvimento dos cidadãos nos temas da *Sustainable Finance*; melhorar a transparência e fazer todo o esforço para que o financiamento sustentável esteja presente a nível global, incluíndo nas agendas das reuniões do G20 e do G7.

Além disso, o relatório final identifica ainda: i) a importância dos financiamentos sustentáveis para se conseguir ter uma transição justa, para garantir a existência de benefícios líquidos para os trabalhadores e comunidades ligadas aos setores mais intensivos nas emissões de carbono; ii) a importância de proteger, restaurar e gerir o capital natural através de medidas específicas, como a atribuição de um preço às externalidades e a eliminação urgente de subsídios nocivos ao ambiente; e iii) a necessidade de existir uma *governance* adequada que reconheça os riscos e as oportunidades de longo prazo, bem como o carácter estratégico da sustentabilidade[135].

Este relatório final constituiu assim, a base do Plano de Ação em *Sustainable Finance* adotado pela Comissão Europeia em março de 2018 – Plano de Ação da Comissão Europeia, que vai ser descrito no capítulo seguinte.

---

[135] Nelson G. (2018) *EU Expert Group Provides Recommendations for Sustainable Finance*, SDG Knowledge Hub, IISD, 6 February.

5. Plano de Ação da Comissão Europeia

"O setor financeiro da Europa deve liderar a transição verde e fazer da nossa União o destino global do investimento sustentável. Não há maior retorno sobre o investimento do que um planeta e uma economia saudáveis."

Jean-Claude Juncker
Presidente da Comissão Europeia

"O setor financeiro terá que dedicar todo o seu peso à luta contra a mudança climática. Este é um desafio, mas também uma oportunidade excecional."

Valdis Dombrovskis
Vice-Presidente Responsável pela Área de Estabilidade Financeira e de União de Mercado de Capitais

5.1. O Contexto

Como já vimos anteriormente, o tema da *Sustainable Finance* remonta aos anos 90 do século passado tendo sido mais reconhecido pelo setor nos últimos dez anos, após a crise global financeira.

Ao nível da Comissão Europeia (CE) o tema passou a estar na agenda apenas em 2016. Demorou um tempo considerável, mas desde então a velocidade dos trabalhos tem sido acelerada, os conteúdos são de certa forma "radicais" existindo uma vontade explícita em mudar o propósito do sistema financeiro.

Esta mudança da CE decorre da constatação de que os níveis de investimento atuais não são suficientes para apoiar um sistema económico sustentável do ponto de vista ambiental e social, sendo necessário 180 mil milhões de euros anuais adicionais a nível europeu e até 2030 para cumprir com os objetivos climáticos e energéticos da UE[136].

---

[136] Comissão Europeia (2018) *Plano de Ação: Financiar um crescimento sustentável.*

É importante constatar que o próprio Acordo de Paris faz referência à necessidade de se desenvolverem produtos financeiros que consigam promover o envolvimento do setor financeiro no financiamento de uma economia mais verde.

Extrato do Acordo de Paris

Artigo 2.º

1 – O presente Acordo, ao reforçar a implementação da Convenção, incluindo o seu objetivo, visa fortalecer a resposta global à ameaça das alterações climáticas, no contexto do desenvolvimento sustentável e dos esforços para a erradicação da pobreza, incluindo através:

...

c) De **fluxos financeiros consistentes com uma trajetória de desenvolvimento resiliente e de reduzidas emissões de gases com efeito de estufa.**

Artigo 9.º

...

3 – Como parte de um esforço global, as Partes que são países desenvolvidos deveriam continuar a assumir a liderança **na mobilização do financiamento climático**, tendo por base uma ampla variedade de fontes, instrumentos e canais, notando o relevante papel dos recursos públicos, através de uma variedade de ações, incluindo o apoio de estratégias lideradas pelos países, e tendo em consideração as necessidades e prioridades das Partes que são países em desenvolvimento. Esta mobilização de financiamento climático deve representar uma progressão relativamente a esforços anteriores.

É assim necessário colocar o sistema financeiro a contribuir para o alcance das políticas publicas internacionais e europeias, através da identificação de oportunidades de investimento em projetos "verdes".

A UE afirma estar empenhada nesta transição para uma economia de baixo carbono, verde e circular, comprometendo-se a aplicar, no pós 2020, pelos menos 25% do seu orçamento em medidas diretamente relevantes para o clima.

Na realidade, em maio de 2018 a CE apresentou as suas propostas para a modernização e reforma da política de coesão no pós 2020, que constitui a principal política de investimento da CE. Esta proposta indica a focalização em 5 prioridades:

1. Uma **Europa mais inteligente**, através da inovação, digitalização, transformação económica e apoio a pequenas e médias empresas;
2. Uma **Europa mais verde e de baixo carbono**, implementando o Acordo de Paris e investir na transição energética, nas energias renováveis e na luta contra as alterações climáticas;
3. Uma Europa mais conectada, com transporte estratégico e redes digitais;
4. Uma Europa mais social, cumprindo o Pilar Europeu dos Direitos Sociais e apoiar empregos de qualidade, educação, habilidades, inclusão social e igualdade de acesso aos cuidados de saúde;
5. Uma Europa mais próxima dos cidadãos, **apoiando estratégias de desenvolvimento lideradas localmente desenvolvimento urbano sustentável** em toda a UE.

Segundo a CE[137], a maioria dos investimentos do Fundo Europeu de Desenvolvimento Regional e do Fundo de Coesão será orientada para os dois primeiros objetivos: **uma Europa mais inteligente e uma Europa mais verde. Os Estados-Membros investirão 65% a 85% das suas dotações ao abrigo dos dois fundos para essas prioridades**, dependendo da sua riqueza relativa. O Fundo Europeu de Desenvolvimento Regional e o Fundo de Coesão deverão contribuir para atingir o objetivo orçamental de que pelo menos 25% das despesas da UE contribuem para a ação climática.

É assim evidente que uma parte significativa dos investimentos futuros induzidos pela Comissão Europeia vai acelerar a transição para um modelo de crescimento verde e de baixo carbono. Como muitos destes projetos necessitam também de co-financiamento privado, normalmente assegurado pelo setor bancário, faz sentido que os bancos compreendam melhor os temas da economia verde, neutra em carbono e circular, de forma a poderem alavancar estes projetos e daí retirar as suas mais-valias.

Segundo Nicolas Stern, existe a necessidade de sermos capazes de construir infraestruturas sustentáveis, de tornar o investimento sustentável e de investir de melhor forma. Na realidade, para Nicolas Stern, uma economia neutra em carbono "*Is the growth Story*" para o século XXI.

---

[137] Comissão Europeia (2018) *Comunicado de Imprensa sobre Orçamento da UE: Desenvolvimento regional e Política de Coesão para além de 2020.*

Ou seja, se queremos apostar em crescimento económico capaz de criar riqueza, só o iremos conseguir fazer se apostarmos na economia verde e se colocarmos o dinheiro e o financiamento a apoiar projetos e atividades que promovam bem-estar e que tenham um menor impacte ambiental.

5.2. Os Objetivos

Consciente da necessidade de induzir o setor financeiro europeu de forma mais generalizada na promoção de investimentos que promovam uma economia verde, de baixo carbono e circular, em 2017 a CE criou, como já vimos no capítulo anterior, o HLEG de *Sustainable Finance*, que teve como objetivo aconselhar a Comissão sobre as mudanças que serão necessárias realizar para no sistema financeiro para que este passe a promover uma economia sustentável e de baixo carbono.

Como resultado do trabalho de grupo, a 8 de março de 2018 a CE lança o "Plano de Ação: financiar um crescimento sustentável" que tem como objetivos:

1. reorientar os fluxos de capitais para investimentos sustentáveis, a fim de assegurar um crescimento sustentável e inclusivo;
2. gerir os riscos financeiros decorrentes das alterações climáticas, do esgotamento dos recursos, da degradação do ambiente e das questões sociais; e ainda
3. promover a transparência e a visão a longo prazo nas atividades económicas e financeiras.

Este plano de ação vem assim reforçar que"... *faz todo o sentido, em termos económicos, tomar em conta os interesses de sustentabilidade a mais longo prazo, e que essa atitude não conduz necessariamente à diminuição da rentabilidade para os investidores*".

5.2.1. Reorientar os fluxos de capital

Como já foi referido, é necessário um investimento anual de 180 mil milhões de euros a nível europeu e até 2030 só para cumprir com os objetivos climáticos e energéticos da UE. Atendendo que uma economia verde tem um âmbito mais alargado do que a componente energética e de diminuição de das emissões de carbono, existindo várias políticas europeias que reforçam a importância de investimentos em infra-estruturas verdes e outros projetos associados aos serviços dos ecossistemas, o valor anual de necessidade de investimento para se promover uma economia verde será ainda mais elevado. A CE reconhece que é necessário informar os investidores sobre o que é um investimento sustentável e sobre as vantagens financeiras e de análise de risco que este tipo de investimentos podem trazer à instituição. A CE afirma estar também a dar passos nesta direção, uma vez que o Fundo Europeu para Investimentos Estratégicos 2.0 prorroga o fundo até 2020 e aumenta os objetivos de investimento para 500 mil milhões de euros, com pelo menos 40% do financiamento a ser orientado para as infraestruturas e a inovação em apoio de projetos no domínio da ação climática.

5.2.2. Integrar a sustentabilidade na gestão do risco

Entre 2000 e 2016, as catástrofes relacionadas com o clima verificadas anualmente a nível mundial aumentaram 46%, enquanto as perdas económicas resultantes de fenómenos meteorológicos extremos a nível mundial aumentaram 86% (117 mil milhões de Euros em 2016) entre 2007 e 2016.

Esta tendência é preocupante, uma vez que perto de metade da exposição ao risco dos bancos da área do euro está direta ou indiretamente ligada aos riscos decorrentes das alterações climáticas.

Fonte: Plano de Ação

Como já vimos, o *Financial Stability Board* identificou que as alterações climáticas vão ter um impacte financeiro sobre as empresas e como tal qualquer investidor quer saber como estão as empresas a lidar e a antecipar esse facto. Por isso a organização recomenda que as empresas e instituições financeiras reportem como estão a antecipar os impactes das alterações climáticas. Esta abordagem resulta do facto de, se não formos capazes de limitar o aumento da temperatura a 2°C neste século, e mantivermos o nosso modelo de economia, existirão, durante este século, impactes físicos, geopolíticos, económicos e financeiros significativos decorrentes de tempestades imprevisíveis, do aumento de temperatura, da subida das águas do mar, das secas, das chuvas mais intensas entre outros. Estas mudanças levam também a alterações nos ecossistemas e à forma como hoje temos acesso aos recursos naturais. Uma vez que os ecossistemas estão na base de toda a nossa economia, alterações desta dimensão afetarão sem dúvida a forma como acedemos às matérias-primas e tal terá impacte no comércio e na atividade económica. Esta ligação entre matérias-primas/recursos e economia, está a ser reconhecida por organizações internacionais do mundo financeiro. Na realidade a CE, através do Plano de Ação, reconhece que "as questões ambientais são cada vez mais reconhecidas como uma ameaça para os modelos de negócios atuais."

O Plano de Ação, reconhece que "os riscos ambientais e climáticos nem sempre são, hoje em dia, devidamente tidos em conta pelo setor financeiro":

- atendendo ao "... aumento das catástrofes naturais relacionadas com fenómenos meteorológicos (...) as companhias de seguros têm de se preparar para um aumento dos custos.
- uma vez que as empresas estão cada vez "... mais expostas às alterações climáticas ou fortemente dependentes de recursos naturais cada vez mais escassos", os bancos estarão também expostos a maiores perdas devido à potencial menor rentabilidade das empresas.

É interessante constatar que a CE também reconhece que os fatores de ordem social, as condições laborais precárias e as crescentes desigualdades, podem ter consequências concretas para as instituições financeiras, incluindo riscos jurídicos. Podendo as empresas que não cumprem as normas laborais internacionais, por exemplo, ter a sua reputação afetada.

Por seu lado, os prejuízos jurídicos e de reputação podem, em última análise, conduzir a perdas financeiras.

Assim, podemos deduzir que, a seu tempo, veremos trabalho da CE também dedicado à incorporação da componente social nas preocupações a análises do setor financeiro.

5.2.3. Promover a transparência e a visão de longo prazo

Tal como já foi referido nos outros capítulos anteriores, a transparência das empresas perante os investidores e sistema financeiro é muito importante, uma vez que existe todo um conjunto vasto de riscos que as empresas enfrentam, e que podem ter o seu impacte financeiro mesmo que seja a médio e longo prazo. Assim, o Plano de Ação reconhece que "transparência das empresas em relação às questões de sustentabilidade constitui uma condição prévia para permitir que os intervenientes nos mercados financeiros possam avaliar adequadamente a criação de valor a longo prazo por essas mesmas empresas e a forma como gerem os riscos ligados à sustentabilidade".

O Plano de Ação vai mais longe ao reconhecer que "as demonstrações financeiras divulgadas pelas empresas não cumprirão os fins a que se destinam se os riscos a longo prazo não forem apresentados de forma totalmente transparente e, portanto, não possam ser devidamente considerados. A transparência das empresas em relação à sustentabilidade permitirá não só assegurar a informação dos participantes no mercado como também ajudar a colocar as empresas numa trajetória mais sustentável e a longo prazo".

Tal como o governador do banco central do Reino Unido já reconheceu a necessidade do setor financeiro passar a estar mais focado no médio e longo prazo, e não exclusivamente no curto prazo, também a CE segue agora nesse sentido. O Plano de Ação afirma que "o investimento com objetivos ambientais e sociais exige uma orientação a longo prazo. Todavia, as práticas de mercado atuais estão frequentemente centradas na obtenção de um retorno elevado a curto prazo. Por conseguinte, um dos principais elementos da agenda da sustentabilidade consiste em reduzir a pressão injustificada dessa necessidade de desempenho a curto prazo na tomada de decisões financeiras e económicas, nomeadamente através de uma maior transparência, por forma a que tanto os investidores profissionais como os pequenos investidores possam adotar decisões de investimento melhor informadas e mais responsáveis."

Tudo indica assim que, o foco no curto-prazo do setor financeiro existente nos últimos 30 anos, terá de mudar em prol de uma atitude de investimento mais estável, com menos risco e com retornos escalonados no tempo. Um desafio também de mentalidades e de cultura financeira!

5.3. As ações

Este Plano de Ação identifica 10 ações que a CE irá iniciar e que necessitará do envolvimento do setor financeiro, bem como de outras partes interessadas. Destas 10 ações, à data de publicação deste livro, existem já em desenvolvimento três propostas de regulação, tal como indicado na Figura 8.

5.3.1. Ação 1 – Sistema Comum de Classificação

O setor financeiro é caracterizado por recorrer muito a nomenclaturas e definições que são acordadas a nível mundial e europeu. Assim, o primeiro passo a desenvolver em prol de um sistema financeiro mais sustentável, é definir exatamente o que são atividades económicas sustentáveis, para que existam orientações claras quanto às atividades elegíveis pelo facto de contribuírem para os objetivos de atenuação e adaptação às alterações climáticas, ambientais e sociais. É importante ter consciência de que a CE reconhece a "complexidade e a natureza altamente técnica do desenvolvimento desse sistema de classificação" afirmando ser "preciso algum tempo para se chegar a uma verdadeira taxonomia da sustentabilidade da UE, que abranja o clima, o ambiente e os aspetos sociais. Além disso, será também necessário um acompanhamento contínuo, à luz da evolução dos objetivos políticos da UE e de outros aspetos como a evolução da situação em termos tecnológicos, de mercado e ambientais."

Objetivos	Ações
Reorientar os fluxos de capital	A1 – Criar um sistema comum de classificação das atividades sustentáveis (proposta de regulação em discussão) A2 – Criar normas e rótulos para os produtos financeiros sustentáveis A3 – Promover o investimento em projetos sustentáveis (proposta de regulação em discussão) A4 – Incorporar a sustentabilidade na prestação de aconselhamento financeiro A5 – Desenvolver referenciais de sustentabilidade (proposta de regulação sobre benchmarks de carbono em discussão)
Integrar a sustentabilidade na gestão dos riscos	A6 – Integrar melhor a sustentabilidade nas notações e nos estudos de mercado A7 – Esclarecer os deveres dos investidores institucionais e dos gestores de ativos A8 – Incorporar a sustentabilidade nos requisitos prudenciais de bancos e seguros
Promover a transparência e a visão a longo prazo	A9 – Reforçar as divulgações e as regras contabilísticas em matéria de sustentabilidade A10 – Promover um governo sustentável das empresas e atenuar a visão de curto prazo nos mercados de capitais

Figura 8 – Objetivos e Ações do Plano

Assim, a CE já iniciou este processo de definições, começando a desenvolver a taxonomia das atividades de atenuação e adaptação às alterações climáticas e de algumas atividades ambientais. Posteriormente, e "... numa segunda fase, este processo de definições irá abranger também as restantes atividades no domínio ambiental e as atividades de caráter social, muito embora reconhecendo que a questão da sustentabilidade não deverá prejudicar o tratamento de outros riscos ou objetivos relacionados."

Relativamente à Ação 1, temos os seguintes desenvolvimentos:

- Em dezembro de 2018, a CE colocou em discussão pública, a proposta de taxonomia que foi entretanto trabalhada pelos estados-membro e pelo technical expert group on *Sustainable Finance* (TEG) criado em julho de 2017;
- Até ao primeiro semestre de 2019, prevê-se que seja então publicada uma primeira versão da taxonomia, com particular ênfase para as atividades de mitigação das alterações climáticas, que deverá depois, no segundo semestre de 2019, ser alargada às atividades de adaptação às alterações climáticas e outras atividades no domínio do ambiente. Esses relatórios servirão de base ao desenvolvimento progressivo pela Comissão da taxonomia de sustentabilidade da UE e poderão ser entretanto utilizados como um ponto de referência inicial para o investimento em atividades ligadas ao ambiente e às alterações climáticas.

Iremos assim, durante 2019, assistir a uma evolução rápida na forma como os temas da *Sustainable Finance* estão a ser incorporados no sistema financeiro europeu.

5.3.2. Ação 2 – Criar normas e rótulos

Com base na taxonomia que se for definindo, e de forma a promover a transparência de informação e de práticas do setor financeiro para com a sociedade em geral, a CE ambiciona desenvolver rótulos para produtos financeiros sustentáveis. Estes rótulos servirão para proteger a integridade e fomentar a confiança nos mercados financeiros sustentáveis, facilitando o seu acesso aos investidores que procuram esses produtos. O Plano de Ação afirma que "os regimes de rotulagem podem ser particularmente úteis para os pequenos investidores que pretendam manifestar as suas preferências de investimento em atividades sustentáveis".

Neste contexto a CE vai ainda analisar a possibilidade de implementar um sistema de rotulagem para os produtos financeiros socialmente responsáveis, como os Fundos Socialmente Responsáveis, com base na experiência dos Fundos de Empreendedorismo Social Europeus.

É interessante notar que a CE pondera que estes rótulos sejam desenvolvidos utilizando-se o Regulamento Rótulo Ecológico da UE existente, o que não deverá ser consensual a nível do setor financeiro, dadas as especificidades que o setor tem de cumprir e à tecnicidade de muitas das análises.

Assim, nesta "Ação 2" esperam-se as seguintes atividades:

- Elaboração de um relatório até ao segundo trimestre de 2019 sobre uma norma da UE para as obrigações «verdes», com base nas melhores práticas atuais. Esta elaboração estará a cargo do grupo técnico de peritos da Comissão sobre financiamento sustentável, com base nos resultados de uma consulta pública;
- Especificação, até ao segundo trimestre de 2019, do teor dos prospetos para as emissões de obrigações «verdes», por forma a prestar informações adicionais aos potenciais investidores;
- Análise da possível utilização do rótulo ecológico da UE para determinados produtos financeiros, a aplicar a partir do momento em que a taxonomia de sustentabilidade seja adotada.

5.3.3. Ação 3 – Investimento em projetos sustentáveis

É essencial conseguir a mobilização de capital privado para projetos sustentáveis, principalmente em infraestruturas sustentáveis. Por isso, os financiamentos oriundos da CE e que, normalmente são alavancados pelo setor privado, têm um papel fundamental no estímulo e no direcionamento do investimento privado para projetos sustentáveis. Neste campo, a CE afirma estar já a demonstrar o seu papel. Na realidade, o Plano de Investimento Externo da União Europeia deverá alavancar mais de 44 mil milhões de euros em investimentos até 2020, junto dos países parceiros (países africanos e da vizinhança da UE) mobilizando financiamentos públicos e privados através do Fundo Europeu para o Desenvolvimento Sustentável, para promovendo a assistência técnica a projetos de investimento e promovendo um ambiente favorável ao investimento e aos negócios. Como já vimos também, a maioria dos investimentos do Fundo Europeu de Desenvolvimento Regional e do Fundo de Coesão nos pós 2020 será orientada para projetos que promovam uma Europa mais inteligente e uma Europa mais verde, e os Estados-Membros investirão 65% a 85% das suas dotações ao abrigo dos dois fundos para essas prioridades.

O Plano de Ação reconhece que "atendendo ao sucesso do Fundo Europeu para Investimentos Estratégicos, um fundo desse tipo poderá prestar apoio financeiro e a assistência técnica relacionada para captar investimento privado, nomeadamente para infraestruturas sustentáveis." Dando continuidade aos trabalhos da Plataforma Europeia de Aconselhamento ao Investimento, esse fundo "poderá também incluir uma componente de assistência ao desenvolvimento, por forma a continuar a criar novas capacidades para o desenvolvimento de projetos sustentáveis".

Assim, nesta "Ação 3" esperam-se as seguintes atividades:

- Com base nos esforços em curso para reforçar as capacidades de consultoria, nomeadamente para fins de desenvolvimento de projetos de infraestruturas sustentáveis, a Comissão adotará novas medidas para melhorar a eficiência e o impacte dos instrumentos de apoio ao investimento sustentável na UE e nos países parceiros.

5.3.4. Ação 4 – Sustentabilidade no aconselhamento financeiro

As empresas de investimentos, as seguradoras e, de certo modo até os bancos, quando concedem um empréstimo às empresas, emitem alguns conselhos aos seus clientes, sendo que os temas de sustentabilidade "não são, muitas vezes, suficientemente tidas em conta nesse mesmo aconselhamento." É assim necessário incluir no âmbito da Diretiva Mercados de Instrumentos Financeiros (MiFID II) e da Diretiva Distribuição de Seguros (IDD) que os clientes também sejam questionados sobre as suas preferências a nível dos temas ambientais, sociais e de *governance*, devendo as instituições financeiras "tê-las em conta na avaliação da gama de instrumentos financeiros e produtos de seguros que irão recomendar, ou seja, no processo de escolha dos produtos e de avaliação da sua adequação."

Assim, nesta "Ação 4" esperam-se as seguintes atividades:

- A CE irá alterar os atos delegados da MiFID II e da IDD, para garantir que as preferências em termos de sustentabilidade sejam tidas em conta na avaliação da adequação. Com base nesses atos delegados, a Comissão convidará a Autoridade Europeia dos Valores Mobiliários e dos Mercados (ESMA) a incluir disposições sobre as preferências de sustentabilidade nas suas orientações para a avaliação da adequação.

5.3.5. Ação 5 – Referenciais de sustentabilidade

O sistema financeiro utiliza muito dos referenciais como índices de referência face ao comportamento do mercado, uma vez que permitem aos investidores seguir e medir os diferentes desempenhos de portefólios, por exemplo, e decidir a composição dos ativos em carteira em conformidade. Uma vez que os referenciais existentes refletem a situação num determinado momento, e não para o futuro, eles "não são adequados para medir o desempenho dos investimentos sustentáveis". Assim, várias empresas de gestão de informação têm criado os chamados índices de ESG (como o FTSE4Good, DJSI entre centenas de outros) e cuja metodologia de cálculo engloba os temas ESG. No entanto, e dada a existência de tantos índices de ESG a CE reconhece ser necessário desenvolver-se metodologias mais transparentes de forma a que a fiabilidade desses índices seja reconhecida e conhecida. O Plano afirma que "será necessário desenvolver metodologias mais sólidas e transparentes para os índices de sustentabilidade, para reduzir os riscos de marketing enganoso sob pretexto da utilização de fatores verdes".

Assim, nesta "Ação 5" esperam-se as seguintes atividades:

- Adoção de atos delegados, por parte da CE, no âmbito do Regulamento Índices de Referência, sobre a transparência das metodologias e as características dos referenciais por forma a permitir que os utilizadores possam avaliar melhor a qualidade dos referenciais de sustentabilidade;
- Apresentar, sob reserva do resultado da sua avaliação de impacte, uma iniciativa com vista à harmonização dos referenciais que abrangem os emitentes hipocarbónicos, com base numa metodologia sólida para calcular o respetivo impacte em termos de emissões de carbono, referenciais esses que deverão passar a ser utilizados a partir do momento em que seja adotada a taxonomia climática. O grupo técnico de peritos da Comissão, com base numa consulta junto de todas as partes interessadas, deverá publicar um relatório sobre a conceção e a metodologia do referencial hipocarbónico até ao segundo trimestre de 2019.

5.3.6. Ação 6 – Sustentabilidade nas notações e nos estudos de mercado

O sistema financeiro assenta muito na informação e na avaliação que as agências de rating atribuem ao desempenho e ao nível de risco das empresas e dos países. Esta informação é muito útil aos investidores uma vez que estes podem assim aceder a avaliações sobre a fiabilidade das empresas e instituições públicas face ao risco de crédito. Como já vimos, os temas de ESG, e em particular o tema ambiental, constitui um risco para as empresas e logo para os países. É por isso essencial que as agências de rating consigam incorporar na sua metodologia de análise a sustentabilidade e os riscos de longo prazo.

Assim, nesta "Ação 6" esperam-se as seguintes atividades:

- Comissão colaborará com todas as partes interessadas no sentido de explorar as vantagens de uma eventual alteração do Regulamento Agências de Notação do Risco para mandatar essas agências no sentido de integrarem explicitamente os fatores de sustentabilidade nas suas avaliações de forma proporcionada e de modo a preservar as possibilidades de acesso aos mercados por parte dos operadores de menor dimensão. Os serviços da Comissão apresentarão um relatório sobre os progressos realizados neste domínio até ao terceiro trimestre de 2019;
- A Comissão convida a ESMA a: i) avaliar as atuais práticas do mercado das notações do risco de crédito até ao segundo trimestre de 2019, analisando em que medida são tidas em conta as considerações ambientais, sociais e de governação; ii) incluir a informação relativa à sustentabilidade ambiental e social nas suas orientações para a divulgação de informações por parte das agências de notação do risco de crédito até ao segundo trimestre de 2019 e considerar a hipótese de adotar orientações adicionais, quando necessárias;
- A Comissão realizará até ao segundo trimestre de 2019 um estudo abrangente sobre estudos de mercado e notações da sustentabilidade. Analisará as metodologias e explorará aspetos como a estrutura do mercado de notações de sustentabilidade e dos serviços de estudo de mercado nesse contexto, a profundidade e alcance das avaliações utilizadas nesses estudos e a independência dos fornecedores desse tipo de estudos/notações. O estudo explorará igualmente possíveis medidas destinadas a promover as notações de sustentabilidade e os estudos de mercado.

5.3.7. Ação 7 – Deveres dos investidores e dos gestores de ativos

Os investidores institucionais, os gestores de ativos e mesmo os banqueiros têm implícito o dever fiduciário de atuarem na defesa dos interesses dos seus clientes finais, ou seja, dos que neles depositam a confiança de gerir as suas poupanças. Essas obrigações fiduciárias estão descritas em diretivas europeias não sendo suficientemente claras quanto à inclusão dos temas de sustentabilidade nesse âmbito fiduciário. A CE afirma que "os investidores institucionais e os gestores de ativos continuam a não ter sistematicamente em conta os fatores e riscos em matéria de sustentabilidade nos seus processos de investimento"... e que "... não divulgam suficientemente aos seus clientes se e de que modo consideraram esses fatores na sua tomada de decisões". Como tal, os investidores não têm assim acesso a informação do âmbito da sustentabilidade, e como tal as suas decisões carecem de informação sobre este risco adicional.

Assim, nesta "Ação 7" esperam-se as seguintes atividades:

- A CE apresentará uma proposta legislativa para esclarecer os deveres dos investidores institucionais e dos gestores de ativos no que respeita às considerações de sustentabilidade. A proposta visará:
  i) exigir explicitamente que os investidores institucionais e os gestores de ativos integrem as considerações de sustentabilidade nos seus processos de tomada de decisões; e
  ii) aumentar a transparência perante os investidores finais quanto à forma como integram os fatores de sustentabilidade nas suas decisões de investimento, em particular no que respeita às preocupações desses mesmos investidores em termos de exposição aos riscos de sustentabilidade.

5.3.8. Ação 8 – Sustentabilidade nos requisitos prudenciais

Segundo a Comissão Europeia, "... os bancos, companhias de seguros e fundos de pensões também podem ser expostos aos riscos ligados a um desenvolvimento económico não sustentável..." pelo menos metade dos ativos dos bancos da área do euro estão atualmente expostos a riscos relacionados com as alterações climáticas. Tais riscos para a estabilidade financeira foram igualmente assinalados pelas autoridades de supervisão macroprudencial". Assim, faz sentido existir uma ponderação dos riscos associados às alterações climáticas e a outros fatores ambientais na regulamentação prudencial quer dos bancos quer dos seguros.

Assim, nesta "Ação 8" esperam-se as seguintes atividades:

- A Comissão explorará a viabilidade da inclusão dos riscos associados às alterações climáticas e a outros fatores ambientais nas políticas de gestão de risco das instituições e na eventual calibração dos requisitos de fundos próprios dos bancos no âmbito do Regulamento e da Diretiva Requisitos de Fundos Próprios. O objetivo será que esses fatores sejam tidos em consideração sempre que tal se justifique do ponto de vista do risco, a fim de salvaguardar a coerência e a eficácia do quadro prudencial e a estabilidade financeira. Qualquer recalibração dos requisitos de fundos próprios, com base nos dados e na avaliação do risco prudencial das exposições dos bancos, terá de se basear e ser coerente com a futura taxonomia da UE para as atividades sustentáveis (ver Ação 1);

– A Comissão convidará a Autoridade Europeia dos Seguros e Pensões Complementares de Reforma (EIOPA) a emitir um parecer sobre o impacte das regras prudenciais aplicáveis às empresas de seguros sobre os investimentos sustentáveis, com particular atenção para a atenuação das alterações climáticas. A Comissão terá esse parecer em conta para efeitos do relatório que deverá apresentar ao Parlamento Europeu e ao Conselho até 1 de janeiro de 2021 ao abrigo da Diretiva Solvência.

5.3.9. Ação 9 – Divulgações e as regras contabilísticas

Desde o início de 2018 que a diretiva de informação não financeira foi é implementada pelos estados-membros. Em Portugal a transposição desta diretiva implicou a obrigatoriedade de todas as grandes empresas cotadas em bolsa, e todas as entidades de interesse público com mais de 500 colaboradores sejam obrigadas anualmente a reportar informação sobre as práticas a gestão do risco associados às áreas do ambiente, social, direitos humanos, combate à corrupção e da igualdade de género. Apesar desta diretiva, a Comissão Europeia está preocupada com o facto de "... as atuais regras contabilísticas não favorecem decisões de investimento sustentáveis" reconhecendo a "importância de garantir que as normas contabilísticas não desencorajem direta ou indiretamente os investimentos sustentáveis e a longo prazo".

Assim, nesta "Ação 9" esperam-se as seguintes atividades:

– A Comissão está a efetuar um balanço de qualidade da legislação da UE sobre a comunicação de informação financeira pelas empresas públicas, a fim de avaliar se os requisitos de prestação pública de informações aplicáveis às empresas cotadas e não cotadas são adequados à sua finalidade. As conclusões do balanço de qualidade serão publicados no segundo trimestre de 2019 e servirão de base a quaisquer iniciativas legislativas futuras a adotar pela Comissão;

– Até ao segundo trimestre de 2019, a Comissão irá proceder à revisão das orientações sobre as informações não financeira (constante na atual Diretiva de informação não financeira) ... As orientações revistas devem informar melhor as empresas sobre a forma como deverão divulgar as informações relativas ao clima, em consonância com a Task force do *Financial Stability Board* e com os parâmetros climáticos desenvolvidos ao abrigo do novo sistema de classificação;

- A CE ira estabelecer, no quadro do Grupo Consultivo para a Informação Financeira na Europa (EFRAG), um Laboratório sobre a Divulgação de Informação Financeira na Europa, com vista a promover a inovação e o desenvolvimento de boas práticas na divulgação de informações pelas empresas, incluindo a contabilidade dos fatores ambientais;
- Os gestores de ativos e dos investidores institucionais, no quadro da proposta legislativa da Comissão referida na ação 7, teriam de divulgar a forma como consideram os fatores de sustentabilidade nas suas estratégias e processos de tomada de decisões de investimento, em particular quanto às suas posições em risco relacionadas com as alterações climáticas.
- A Comissão solicitará ao EFRAG, se for caso disso, uma avaliação do impacte das novas IFRS ou revisões das IFRS sobre os investimentos sustentáveis;
- A Comissão irá também avaliar os aspetos apropriados do Regulamento Normas Internacionais de Contabilidade. Em particular, irá analisar de que modo o processo de adoção das IFRS pode permitir ajustamentos específicos das normas quando as mesmas não favorecerem o interesse público europeu e, por exemplo, quando as normas possam constituir um obstáculo aos objetivos de investimento a longo prazo.

5.3.10. Ação 10 – Governo sustentável das empresas

Nos últimos 20 anos, os gestores das empresas e os mercados financeiros, focaram-se gradualmente no curto prazo, ignorando os impactes de médio e longo prazo. No entanto, e dada a velocidade da economia com a massificação da globalização e dos meios tecnológicos, o médio-longo prazo acaba por chegar mais cedo, passando assim a ter impactes mais próximos do presente do que inicialmente previsto. Por isso, é necessário encorajar a criação de modelos de *governance* que incluam, no âmbito da responsabilidade dos Administradores e restantes colaboradores, os temas da sustentabilidade, e assim voltar a colocar uma visão de médio e longo prazo nos mercados de capitais.

Assim, nesta "Ação 10" esperam-se as seguintes atividades:

- A Comissão conduzirá até ao segundo trimestre de 2019 trabalhos analíticos e consultivos com as partes interessadas pertinentes por forma a avaliar:
  i) a eventual necessidade de exigir que os conselhos de administração das empresas desenvolvam e divulguem uma estratégia de sustentabilidade, incluindo a diligência devida em toda a cadeia de aprovisionamento, bem como metas mensuráveis em matéria de sustentabilidade; e
  ii) a possível necessidade de esclarecer as regras de acordo com as quais os administradores deverão agir em defesa dos interesses da empresa a longo prazo;
- A Comissão convida as AES (autoridades europeias de supervisão) a recolher elementos de prova sobre as pressões de curto prazo injustificadas dos mercados de capitais sobre as sociedades comerciais e, se necessário, a ponderar novas medidas com base nessas provas, até ao primeiro trimestre de 2019. Mais especificamente, a Comissão convida a ESMA a recolher informações sobre a visão de curto prazo injustificada nos mercados de capitais, incluindo:
  i) a rotação das carteiras e os períodos de detenção dos instrumentos de capital pelos gestores de ativos;
  ii) a eventual existência de quaisquer práticas injustificadas dos mercados de capitais que provoquem pressões de curto prazo sobre a economia real.

Estas são as ações propostas pela Comissão Europeia. Como se pode constatar a agenda é grande e a componente técnica também. Vejamos de seguida com mais algum detalhe as três propostas de regulação que, à data de elaboração deste livro, estavam em discussão.

5.4. As propostas de regulação

A 25 de Maio de 2018 a Comissão Europeia publicou uma proposta de três regulação para se estabelecer o enquadramento para facilitar o investimento sustentável:

1. Uma proposta de regulamento sobre o estabelecimento de um quadro para facilitar o investimento sustentável. Este regulamento esta-

belece as condições e o enquadramento para criar gradualmente um sistema de classificação unificado (taxonomia) sobre o que pode ser considerado **uma atividade económica ambientalmente sustentável**. Este é um primeiro passo essencial nos esforços para canalizar investimentos em atividades sustentáveis;
2. Uma proposta de regulamento sobre as divulgações relacionadas com **investimentos sustentáveis e riscos de sustentabilidade** e que altera a Diretiva (UE) 2016/2341. Este regulamento introduzirá obrigações de divulgação sobre como investidores institucionais e gestores de ativos integram fatores ambientais, sociais e de *governance* (ESG) em **seus processos de risco**. Os requisitos para integrar os fatores ESG nos processos de decisão de investimento, como parte das suas obrigações para com os investidores e beneficiários, serão especificados em mais pormenorizadamente através de atos delegados;
3. Uma proposta de regulamento que altera o âmbito do que normalmente se define como *benchmark* no mundo financeiro. A emenda proposta criará uma nova categoria de *benchmarks* que inclui *benchmarks* de baixo carbono e impacte positivo de carbono, que fornecerão aos investidores melhores informações sobre a pegada de carbono de seus investimentos.

Além disso, a Comissão esteve, de 24 de maio a 21 de junho, a receber comentários sobre possíveis alterações de atos delegados da Diretiva relativa aos mercados de instrumentos financeiros (MiFID II) e da Diretiva relativa à distribuição de seguros, para incluir aspetos ESG no aconselhamento que as empresas de investimento e os distribuidores de seguros devem oferecer aos seus clientes individuais.

5.4.1. Definição de atividade ambientalmente sustentável

Relativamente à Proposta de regulamento do Parlamento Europeu e do Conselho relativo ao estabelecimento de um enquadramento para promover o investimento sustentável[138] vale a pena ler alguns extratos do texto, para se compreender melhor o nível de exigência que o setor financeiro estar sujeito num futuro próximo:

---

[138] Comissão Europeia (2018) *Proposal for a Regulation of the European Parliament and of the Council on the establishment of a framework to facilitate sustainable investment.*

CAPÍTULO I
Objeto, âmbito de aplicação e definições

Artigo 1.º
Objeto e âmbito de aplicação

"O presente regulamento define os critérios para determinar se uma atividade económica é sustentável do ponto de vista ambiental, com vista a estabelecer o grau de sustentabilidade ambiental de um investimento.

2. O presente Regulamento aplica-se a:

(a) Medidas, adotadas pelos Estados-Membros ou pela União, que estabelecem requisitos aplicáveis aos intervenientes no mercado no que diz respeito aos produtos financeiros ou obrigações de empresas que são comercializados como sendo sustentáveis do ponto de vista ambiental.

(b) Intervenientes no mercado financeiro que propõem produtos financeiros como sendo investimentos sustentáveis do ponto de vista ambiental ou investimentos com características semelhantes.

...

CAPÍTULO II
Atividades económicas sustentáveis do ponto de vista ambiental

Artigo 3.º
Critérios para definir as atividades económicas sustentáveis do ponto de vista ambiental

*Para se determinar o grau de sustentabilidade ambiental de um investimento, uma **atividade económica será considerada sustentável** do ponto de vista ambiental se satisfizer **todos os critérios enunciados em seguida**:*

(a) A atividade económica contribui substancialmente para um ou mais dos objetivos ambientais definidos no artigo 5.º em conformidade com os artigos 6.º a 11.º;

(b) A atividade económica não prejudica significativamente nenhum dos objetivos ambientais definidos no artigo 5.º em conformidade com o artigo 12.º;

(c) A atividade económica é exercida em conformidade com as salvaguardas mínimas previstas no artigo 13.º;

(d) A atividade económica satisfaz os critérios técnicos de avaliação, caso a Comissão os tenha especificado em conformidade com o artigo 6.º, n.º 2, o artigo 7.º, n.º 2, o artigo 8.º, n.º 2, o artigo 9.º, n.º 2, o artigo 10.º, n.º 2, e o artigo 11.º, n.º 2."

Vamos então dissecar, de forma simplificada, cada uma das alíneas acima para compreender efetivamente quais as atividades que podem vir a ser classificadas como ambientalmente sustentáveis.

Uma atividade económica será considerada sustentável:

– se contribui para um ou mais dos objetivos ambientais definidos no artigo 5.º que são:

1. A atenuação das alterações climáticas (entrada em vigor a partir de 1 julho de 2020);
2. A adaptação às alterações climáticas (entrada em vigor a partir de julho de 2020);
3. A utilização sustentável e a proteção dos recursos hídricos e dos recursos marinhos; (entrada em vigor a partir de 31 dezembro de 2022);
4. A transição para uma economia circular, a prevenção e a reciclagem dos resíduos; (entrada em vigor a partir de 31 dezembro de 2021);
5. A prevenção e o controlo da poluição; (entrada em vigor a partir de 31 dezembro de 2021);
6. A proteção de ecossistemas saudáveis. (entrada em vigor a partir de 31 dezembro de 2022).

– se está em conformidade com os artigos 6.º a 11, ou seja, se:

i) Representa um contributo substancial para a atenuação das alterações climáticas, se contribui substancialmente para a estabilização das concentrações de gases com efeito de estufa na atmosfera a um nível que evite uma interferência antropogénica perigosa com o sistema climático, evitando ou reduzindo as emissões de gases com efeito de estufa ou reforçando as absorções de gases com efeito de estufa através de um dos seguintes meios, nomeadamente através de inovação em matéria de processos ou produtos:
   (a) Geração, armazenamento ou utilização de energias renováveis ou energias neutras em termos de clima (incluindo energia neutra em termos de carbono), nomeadamente através da utilização de tecnologias inovadoras com potencial para poupanças significativas no futuro, ou através do necessário reforço da rede;
   (b) Melhoria da eficiência energética;
   (c) Promoção da mobilidade limpa ou neutra em termos de clima;
   (d) Transição para a utilização de materiais renováveis;

(e) Promoção da utilização da captura e armazenamento de carbono;
(f) Eliminação progressiva das emissões antropogénicas de gases com efeito de estufa, incluindo a partir de combustíveis fósseis;
(g) Estabelecimento da infraestrutura energética necessária para permitir a descarbonização dos sistemas energéticos;
(h) Produção de combustíveis limpos e eficientes a partir de fontes renováveis ou neutras em termos de carbono.

ii) representa um contributo substancial para a adaptação às alterações climáticas, se contribui substancialmente para reduzir os efeitos negativos das alterações climáticas, atuais e previsíveis no futuro, ou para impedir um aumento ou transferir os efeitos negativos das alterações climáticas, através dos seguintes meios:
(a) Prevenção ou redução dos efeitos negativos específicos da localização e do contexto das alterações climáticas, que devem ser avaliados e hierarquizados utilizando as projeções climáticas disponíveis, sobre a atividade económica;
(b) Prevenção ou redução dos efeitos negativos que as alterações climáticas podem representar para o ambiente natural e as áreas construídas onde se realiza a atividade económica, que devem ser avaliados e hierarquizados utilizando as projeções climáticas disponíveis.

iii) representa um contributo substancial para a utilização sustentável e a proteção dos recursos hídricos e marinhos se essa atividade contribui substancialmente para o bom estado dos recursos hídricos, incluindo as águas doces, as águas de transição e as águas costeiras, ou para o bom estado ambiental das águas marinhas, através de um dos seguintes meios:
(a) Proteção do ambiente aquático contra os efeitos nocivos das descargas de águas residuais urbanas e industriais, assegurando a recolha e tratamento adequados de águas residuais urbanas e industriais, em conformidade com os artigos 3.º, 4.º, 5.º e 11.º da Diretiva 91/271/CEE do Conselho;
(b) Proteção da saúde humana dos efeitos nocivos resultantes de qualquer contaminação da água potável, assegurando que esta está livre de quaisquer microrganismos, parasitas e substâncias que constituam um perigo potencial para a saúde humana, e que satisfaz os requisitos mínimos estabelecidos no anexo I, partes A e B, da Diretiva 98/83/CE do Conselho, e melhorando o acesso dos cidadãos à água potável;

(c) Drenagem de águas em consonância com o objetivo do bom estado quantitativo tal como definido no quadro 2.1.2 do anexo V da Diretiva 2000/60/CE;
(d) Melhoria da eficiência da utilização da água, promovendo a reutilização da água, ou qualquer outra atividade que proteja ou melhore a qualidade das massas de água da União em conformidade com a Diretiva 2000/60/CE;
(e) Promoção da utilização sustentável dos serviços ecossistémicos marinhos ou contribuição para um bom estado ambiental das águas marinhas, com base nos descritores qualitativos estabelecidos no anexo I da Diretiva 2008/56/CE, como especificados na Decisão (UE) 2017/848 da Comissão;

iv) representa um contributo substancial para a transição para uma economia circular e para a prevenção e reciclagem dos resíduos se essa atividade contribui substancialmente para esse objetivo ambiental através de qualquer um dos seguintes meios:
(a) Melhoria da utilização eficiente das matérias-primas na produção, nomeadamente através da redução da utilização de matérias-primas primárias e do aumento da utilização dos subprodutos e dos resíduos;
(b) Aumento da durabilidade, da possibilidade de reparação, atualização ou reutilização dos produtos;
(c) Aumento da reciclabilidade dos produtos, incluindo dos materiais contidos nos produtos, nomeadamente através da substituição ou da redução da utilização de produtos e materiais que não são recicláveis;
(d) Redução do teor de substâncias perigosas nos materiais e produtos;
(e) Prolongamento da utilização de produtos, nomeadamente através da intensificação da reutilização, da refabricação, da atualização, da reparação e partilha de produtos por parte dos consumidores;
(f) Intensificação da utilização de matérias-primas secundárias e melhoria da sua qualidade, nomeadamente através de uma reciclagem de alta qualidade dos resíduos;
(g) Redução da produção de resíduos;
(h) Melhoria da preparação para a reutilização e reciclagem de resíduos;
(i) Evitamento da incineração e eliminação de resíduos;
(j) Evitamento e limpeza do lixo e outros tipos de poluição causados pela má gestão dos resíduos;
(k) Utilização eficiente de recursos energéticos naturais.

v) representa um contributo substancial para a prevenção e o controlo da poluição se essa atividade contribui para um elevado nível de proteção do ambiente contra a poluição através de qualquer um dos seguintes meios:
   (a) Redução das emissões poluentes do ar, da água e do solo, para além dos gases com efeito de estufa;
   (b) Melhoria dos níveis de qualidade do ar, da água ou do solo nas zonas em que a atividade económica é exercida, minimizando os impactes negativos e riscos para a saúde humana e para o ambiente;
   (c) Minimização dos efeitos adversos significativos sobre a saúde humana e o ambiente decorrentes da produção e utilização de substâncias químicas.

vi) representa um contributo substancial para ecossistemas saudáveis se essa atividade contribui substancialmente para proteger, conservar e melhorar a biodiversidade e os serviços ecossistémicos em consonância com os instrumentos da legislativos e não legislativos da União, através de qualquer um dos seguintes meios:
   (a) Conservação da natureza (habitats, espécies); Proteção, restauração e melhoria do estado dos ecossistemas e da sua capacidade para prestar serviços;
   (b) Gestão sustentável das terras, nomeadamente a proteção adequada da biodiversidade dos solos; neutralidade da degradação das terras; e a reabilitação de áreas contaminadas;
   (c) Práticas agrícolas sustentáveis, nomeadamente as que contribuem para travar ou prevenir a desflorestação e a perda de habitats;
   (d) Gestão sustentável das florestas.

....

ARTIGO 12.º
Prejuízo significativo para os objetivos ambientais

Para efeitos da artigo 3.º, alínea b), considera-se que uma atividade económica representa um prejuízo significativo para:

(a) O objetivo da atenuação das alterações climáticas, se essa atividade dá origem a emissões significativas de gases com efeito de estufa;
(b) O objetivo da adaptação às alterações climáticas, se essa atividade dá origem a um aumento dos efeitos negativos do clima atual e da sua evolução prevista, para o ambiente natural e áreas construídas onde se realiza essa atividade e mais além;

(c) O objetivo da utilização sustentável e proteção dos recursos hídricos e marinhos, se essa atividade prejudica, de forma significativa, o bom estado das águas da União, incluindo as águas doces, as águas de transição e as águas costeiras, ou para o bom estado ambiental das águas marinhas da União;

(d) O objetivo da economia circular e da prevenção e reciclagem de resíduos, se essa atividade dá origem a ineficiências significativas na utilização dos materiais numa ou várias fases do ciclo de vida dos produtos, nomeadamente em termos de durabilidade, possibilidade de reparação, atualização, reutilização ou reciclagem dos produtos; ou se essa atividade dá origem a um aumento significativo da produção, incineração ou eliminação de resíduos;

(e) O objetivo da prevenção e controlo da poluição, se essa atividade dá origem a um aumento significativo das emissões de poluentes para o ar, a água ou o solo, relativamente à situação anterior ao início dessa atividade;

(f) O objetivo de ecossistemas saudáveis, se essa atividade prejudica, de forma significativa o bom estado dos ecossistemas.

....

Artigo 17.º
Cláusula de revisão

1. Até 31 de dezembro de 2021, e, subsequentemente, de três em três anos, a Comissão deve publicar um relatório sobre a aplicação do presente Regulamento.

Artigo 18.º
Entrada em vigor e aplicação

1. O presente regulamento entra em vigor no vigésimo dia seguinte ao da sua publicação no Jornal Oficial da União Europeia.

2. Os artigos 3.º a 13.º do presente Regulamento aplicam-se:

(a) No que diz respeito aos objetivos ambientais referidos no artigo 5.º, pontos 1) e 2), a partir de 1 de julho de 2020;

(b) No que diz respeito aos objetivos ambientais referidos no artigo 5.º, pontos 4) e 5), a partir de 31 de dezembro de 2021;

(c) No que diz respeito aos objetivos ambientais referidos no artigo 5.º, pontos 3) e 6), a partir de 31 de dezembro de 2022.

Esta proposta de regulação ganha relevo, se pensarmos no potencial âmbito da sua atuação. É provável que, quando estas definições forem legisladas, exista uma pressão social ou mesmo regulatória para que os agentes financeiros tenham uma percentagem crescente de investimentos em atividades ambientalmente sustentáveis. Esta exigência quer regulada quer por via da pressão social e de mercado, vai recair sobre os bancos, gestoras de fundos de investimento e seguradoras.

Como se pode ver pelos extratos acima, o texto em cima da mesa para dar início a estes trabalhos de definições é complexo. O nível de exigência para se classificar uma atividade como ambientalmente sustentável é muito elevado, sendo para tal necessário que as entidades financeiras passem a ter nas suas equipas pessoas com conhecimentos sobre ambiente, biologia, floresta, mar, finanças, gestão e economia. Um desafio sem dúvida interessante!

5.4.2. Informação e inclusão de riscos ESG

A outra proposta de regulação existente é a relativa à "divulgação de informações relacionadas com investimentos sustentáveis e riscos em matéria de sustentabilidade e que altera a Diretiva (UE) 2016/2341"[139]. Esta proposta pretende identificar o tipo de informação ambiental, social e de *governance* que os intervenientes no mercado financeiro, mediadores de seguros e empresas de investimento devem dar aos seus clientes quando os estão a aconselhar sobre possíveis investimentos. Nessa informação inclui-se quer as práticas exercidas pelos potenciais investimentos quer os riscos ambiental, sociais e de *governance* associados.

Relativamente à divulgação da informação, esta proposta de regulação diz que "*Os intervenientes no mercado financeiro devem publicar, nos respetivos sítios Web, políticas, consignadas por escrito, sobre a integração dos riscos em matéria de sustentabilidade no processo de tomada de decisões de investimento*" e que "*Os mediadores de seguros que prestam aconselhamento em matéria de seguros no que se refere a produtos de investimento com base em seguros e as empresas de investimento que prestam serviços de consultoria de investimento devem publicar, nos respetivos sítios Web, políticas, consignadas por escrito, sobre a integração dos riscos em matéria*

[139] Comissão Europeia (2018) *Proposal for a Regulation of the European Parliament and of the Council on disclosures relating to sustainable investments and sustainability risks and amending Directive (EU) 2016/2341.*

de sustentabilidade na consultoria de investimento ou no aconselhamento em matéria de seguros."

No que respeita à transparência na integração dos riscos em matéria de sustentabilidade, esta proposta de regulação propõe que os intervenientes no mercado financeiro devem incluir, na divulgação de informações pré-contratuais, descrições sobre: os procedimentos e condições aplicados para integrar os riscos em matéria de sustentabilidade nas decisões de investimento e na consultoria de investimento ou no aconselhamento em matéria de seguros; a medida em que se espera que os riscos em matéria de sustentabilidade venham a ter um impacte relevante no rendimento dos produtos financeiros propostos; e a forma como as políticas de remuneração dos intervenientes no mercado financeiro são coerentes com a integração dos riscos em matéria de sustentabilidade e estão em consonância, se for caso disso, com o objetivo de investimento sustentável do produto financeiro.

Esta proposta de regulação propõe também uma forte comunicação por parte dos agentes financeiros, sobre os critérios que os permitem classificar um produto financeiro de sustentável, nomeadamente informação sobre as metodologias utilizadas para avaliar, aferir e acompanhar o impacte dos investimentos sustentáveis selecionados para o produto financeiro, incluindo as suas fontes de dados, os critérios de análise para os ativos subjacentes e os indicadores de sustentabilidade pertinentes utilizados para medir o impacte global do produto financeiro em matéria de sustentabilidade.

De realçar que os Bancos não são referidos nesta proposta de regulação. São sim referidos como intervenientes no mercado financeiro: empresas de seguros, gestor de fundo de capital de risco qualificado, gestor de um fundo de empreendedorismo social qualificado; e uma sociedade gestora de Organismos de Investimento Coletivo em Valores Mobiliários.

Apesar dos Bancos não serem identificados, algumas destas intervenientes existem dentro dos bancos, o que significa que os bancos não podem necessariamente ignorar estes temas. Na realidade, existe atualmente em discussão a nível europeu sobre a necessidade de se incluir expressamente os Bancos como efetivos intervenientes no mercado financeiro neste contexto. Até porque de acordo com o plano de ação da comunidade europeia, os temas da sustentabilidade irão passar a estar incluídos no rácio prudencial dos bancos e seguradoras, e como tal quanto mais cedo os bancos tiverem de começar a incorporar os riscos ambientais, sociais e de *governance* na sua análise de risco dos empréstimos que concedem, melhor.

5.4.3. *Benchmarks* financeiros de baixo carbono

Relativamente à terceira proposta de regulação atualmente em cima da mesa – Regulação que altera o Regulamento (UE) 2016/1011 no que diz respeito aos índices de referência hipocarbónicos e aos índices de referência de impacte carbónico positivo[140] – ela propõe a criação de uma nova categoria de *benchmark* financeiro, para incluir *benchmarks* de baixo carbono e impacte positivo de carbono, e que fornecerão aos investidores melhores informações sobre a pegada de carbono de seus investimentos. Na realidade, esta proposta vem alterar um outro regulamento[141] já existente referente aos índices utilizados como referência no quadro de instrumentos e contratos financeiros ou para aferir o desempenho de fundos de investimento. No mundo financeiro é muito comum que cada instituição demostre como é que o seu fundo ou produto financeiro se comportou relativamente ao chamado *benchmark* ou índice de referência, tentando assim evidenciar se a sua opção de ativos foi melhor ou pior do que a prática comum realizada. Assim, e uma vez que os temas do carbono já estão agora referenciados nas duas propostas de regulação acima descritas, faz sentido criarem-se *benchmarks* de referência também para as emissões de carbono, associadas a cada fundo ou produto. Assim, o Regulamento (UE) 2016/1011 que regula a construção dos índices de referência ou benchmarks, será alterado de forma a incluir a possibilidade de se criarem Índice de referência hipocarbónico e Índice de referência de impacte carbónico positivo.

Assim, e apesar de ainda não existir uma data proposta explícita para a entrada em vigor deste regulamento, iremos muito em breve (dentro de 1 a 3 anos) ter um sistema financeiro com índices de referência associados à quantidade de emissões de carbono que cada ativo que o constitui tem. A contabilização da pegada carbónica passará assim a ser uma prática corrente de todos os projetos e empresas que procurem investidores no mercado financeiro.

---

[140] Comissão Europeia (2018) *Proposal for a Regulation of the European Parliament and of the Council on amending Regulation (EU) 2016/1011 on low carbon benchmarks and positive carbon impact benchmarks.*

[141] Comissão Europeia (2016) Jornal Oficial da União Europeia, Regulamento 2016/1011 do Parlamento Europeu e do Conselho, relativo aos índices utilizados como índices de referência no quadro de instrumentos e contratos financeiros ou para aferir o desempenho de fundos de investimento e que altera as Diretivas 2008/48/CE e 2014/17/UE e o Regulamento (UE) n.o 596/2014.

Índice de referência hipocarbónico: um índice de referência cujos ativos subjacentes, são selecionados de forma a que a carteira do índice de referência resultante tenha menos emissões de carbono em comparação com os ativos que incluem um índice de referência normalizado ponderado em função da capitalização.

Índice de referência de impacte carbónico positivo: um índice de referência cujos ativos subjacentes são selecionados em virtude de as suas reduções de emissões de carbono excederem a sua pegada carbónica.

Em suma, se por um lado a *Sustainable Finance* está na agenda internacional desde 1992 mas só em 2017 a Comissão Europeia começou a trabalhar no tema, por outro analisando o que a trabalho que a Comissão Europeia realizou num ano e meio facilmente se depreende que a velocidade da aplicação destes temas vai ser muito elevada, até porque algumas dessas matérias já se esperam que sejam transpostas em leis nacionais em 2020.

5.5. Futuros desenvolvimentos do Plano

Em 2019, a Comissão Europeia vai apresentar um relatório sobre a execução deste plano. O Plano é exigente, e as tecnicalidades associadas a muitas das ações são complexas de difíceis de sistematizar. Mas não há dúvida de que o tema da *Sustainable Finance* é o tema central da comissão europeia para o próximo quadro de apoios pós 2020. Finalmente, reconheceu-se que o sistema financeiro é essencial para se alcançar os compromissos políticos assumidos pela Comissão Europeia. Os Objetivos para o Desenvolvimento Sustentável também trouxeram uma pressão adicional a este reforço.

É interessante verificar que, no cenário Europeu pós 2020, a *Sustainable Finance* assume um poder catalisador que irá contribuir para o cumprimento das metas das várias áreas de atividade da Comissão Europeia, como demonstra a Figura 9.

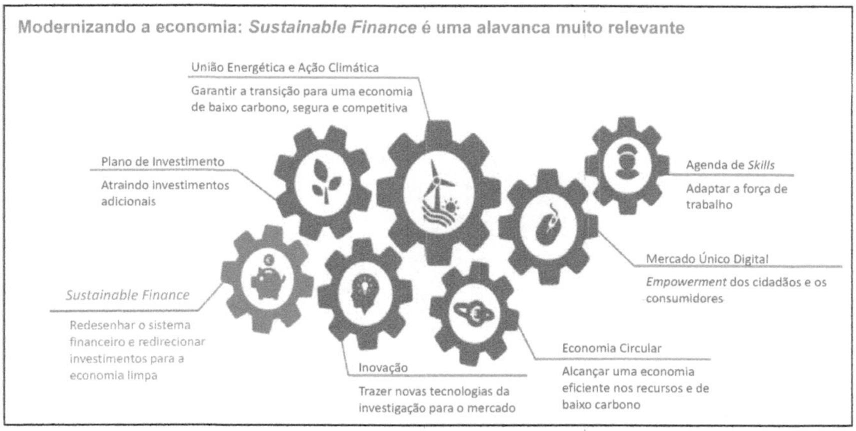

Fonte: European Commission, European Political Strategy Centre (2017) *Financing Sustainability Triggering Investments for the Clean Economy*, EPSC Strategic Notes. Tradução realizada pelas autoras.

Figura 9. Sustainable Finance como alavanca

Estamos assim a caminhar para um novo sistema financeiro, onde existe o seu propósito de existência terá de passar a ter em conta o impacte ambiental, social e de *governance* das atividades das instituições financeiras. A Figura 10 tenta descrever esta mudança.

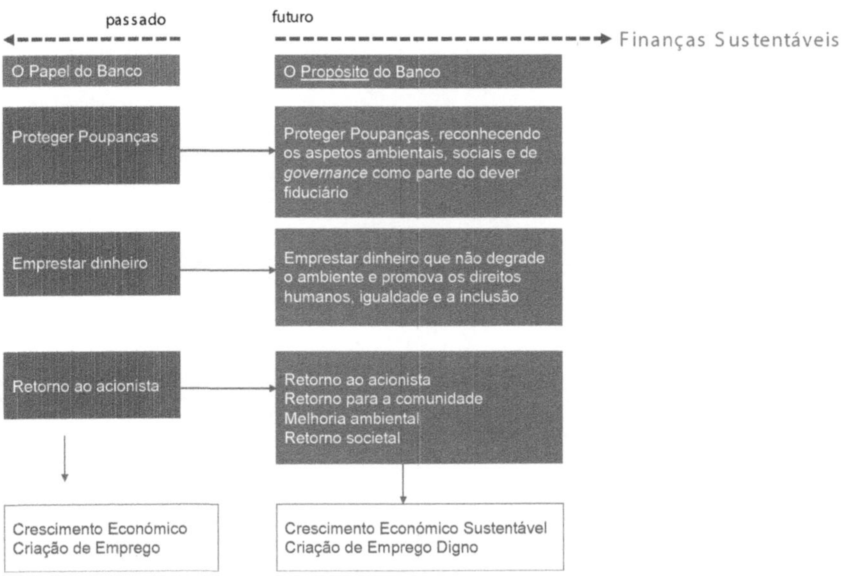

Figura 10. Do papel da Banca ao Propósito da Banca

6. Produtos Financeiros

Apesar de só em 2016 a Comissão Europeia ter começado a trabalhar nos temas da *Sustainable Finance* e apesar da sua grande velocidade na discussão sobre a futura regulação, podemos afirmar que parte do setor financeiro tem sido pró-ativo no desenvolvimento de novos produtos financeiros, mais ligados às componentes ambientais e sociais.

Hoje em dia existem Fundos Socialmente Responsáveis, Fundos Sustentáveis, Fundos de Impacte, Fundos Climáticos, entre outros. Atualmente cerca de 53%[142] dos fundos de investimento na Europa já têm algum tipo de critério de sustentabilidade. Numa primeira fase a designação mais utilizada era a de fundos socialmente responsáveis, sendo que hoje em dia essa designação passou a ser de Fundos Sustentáveis, uma vez que, na realidade, este tipo de fundos incorpora mais critérios do que apenas os sociais, incorporando também critérios ambientais, sociais e de *governance* (ESG). A expressão fundos sustentáveis é assim mais apropriada à própria essência dos fundos.

É importante destacar também o crescimento do nicho de investimentos associados aos "Fundos de Impacte". Estes são fundos que procuram financiar projetos que ajudem a colmatar problemas ambientais, sociais, culturais e humanos, sendo esperado que proporcionem também algum retorno financeiro para os investidores. Este retorno financeiro é menor do que nos fundos tradicionais e mesmo dos fundos sustentáveis, pois o investidor também inclui no cálculo do seu retorno total, o impacte positivo gerado. Nestes fundos, os investidores são normalmente filantropos ou fundações que encontram nestes fundos uma forma mais eficiente de impactarem positivamente a sociedade.

Decorrente das preocupações climáticas e dos compromissos do acordo de Paris, existem também vários "Fundos Climáticos". Muitos deles são destinados a promover a sustentabilidade energética de países em desenvolvimento, e por isso são provenientes de Bancos Multilaterais que pretendem dessa forma iniciar a finança climática referida no Acordo de Paris, investindo em projetos inovadores e/ou atribuindo seguros ou colaterais que possam diminuir o risco dos projetos para os privados, e assim incentivar o setor privado financeiro a avançar com esta área de negócio. Estes

[142] GSIR (2016) *Global Sustainable Investment Review.*

fundos investem essencialmente em projetos que possam contribuir para a eficiência energética, para as energias renováveis, para o acesso à energia originando uma diminuição das emissões de carbono decorrentes da sua implementação. Por isso podem englobar projetos na área da energia, construção, transportes, agricultura, floresta entre outros. Existem também alguns fundos privados que investem neste segmento, mas neste caso os investimentos são, na sua maioria, realizados em países desenvolvidos.

As obrigações verdes são também uma realidade em vários países, sendo um produto financeiro em franco crescimento, existindo já nomenclaturas e procedimentos definidos que um *issuer* de obrigações verdes tem de cumprir. Estes procedimentos garantem assim a coerência entre o impacte ambiental efetivo do projeto e a designação de obrigação "verde" e promovem a realização de investimentos em tecnologias e/ou infraestruturas que têm um impacte positivo na diminuição da pegada carbónica.

Mais recentemente surgiu também o produto "empréstimos verdes" em que a taxa de juro oscila consoante a empresa, que pediu o empréstimo, cumpra ou não com os objetivos ambientais definidos.

De seguida vamos explicar um pouco melhor estes produtos financeiros.

6.1. Fundos Sustentáveis

> "*O investimento sustentável é uma abordagem de investimento que incorpora os fatores ambientais, sociais e de governance na seleção e na gestão dos ativos em carteira.*"
>
> *Global Sustainable Investment Review*, 2016

Os fundos de investimento que têm critérios ambientais, sociais e de *governance* na escolha dos seus ativos são chamados Fundos Sustentáveis. Este tipo de fundos tem crescido significativamente ao longo da última década, sendo possível afirmar que hoje cerca de 53% dos fundos europeus têm algum tipo de critério ambiental, social e de *governance* na estruturação do seu portefólio. A nível mundial apenas 26% dos fundos têm algum tipo de triagem de sustentabilidade, evidenciando assim o pioneirismo do mercado de capitais europeu.

Crescimento dos Fundos Sustentáveis por Região, 2014-2016

	2014	2016	Crescimento no período	Taxa de crescimento anual acumulada
Europa	10 775	12 040	11,7%	5,7%
Estados Unidos	6 572	8 723	32,7%	15,2%
Canadá	729	1 086	49,0%	22,0%
Austrália / Nova Zelândia	148	516	247,5%	86,4%
Ásia, excluindo Japão	45	52	15,7%	7,6%
Japão	7	474	6 689,6%	724,0%
Total	**18 276**	**22 890**	**25,2%**	**11,9%**

Fonte: *Global Sustainable Investment Review (2016)*. Tradução realizada pelas autoras. Valores apresentados em 2014 e 2016 em mil milhões de dólares. Os Ativos da Asia, excluindo Japão estão representados em dólares baseadas na taxa de câmbio de final do ano de 2013. Todos os outros Ativos, assim como os Ativos de 2016, foram convertidos para dólares com base na taxa de câmbio final do ano de 2015.

Figura 11. Crescimento dos Fundos Sustentáveis por Região, 2014-2016

Proporção dos Fundos Sustentáveis relativamente ao total dos Ativos sobre Gestão

Região	2014	2016
Europa	58,8%	52,6%
Estados Unidos	17,9%	21,6%
Canadá	31,3%	37,8%
Austrália / Nova Zelândia	16,6%	50,6%
Ásia	0,8%	0,8%
Japão	-	3,4%
Global	**30,2%**	**26,3%**

Fonte: *Global Sustainable Investment Review (2016)*. Tradução realizada pelas autoras. Valores em mil milhões de dólares. Os dados da Ásia incluem o em 2014, mas excluiu o Japão em 2016.

Figura 12. Proporção dos Fundos Sustentáveis relativamente ao total dos Ativos sob Gestão

Um fundo sustentável poder ter vários critérios na seleção dos ativos, ou seja, podem existir várias estratégias para identificar os ativos que compõe um fundo sustentável, podendo assim existir vários tipos de fundos.

De acordo com a *Global Sustainable Investment Alliance* (GSIA) existem sete estratégias de investimento sustentável que os gestores de fundos podem seguir quando estão a selecionar os ativos para a sua carteira. Eles podem:

1. Realizar uma triagem negativa dos ativos através da existência de uma lista de exclusão de investimentos (por exemplo excluindo certos setores dos seus investimentos);
2. Realizar uma triagem positiva, optando por incluir na carteira ativos que são identificados como sendo os melhores da classe, por exemplo por parte de ratings de sustentabilidade;
3. Realizar uma triagem baseada nas convenções internacionais que são ou não subscritas pelas empresas e estados;
4. Realizar uma triagem baseada na forma como os ativos integram os temas ambientais, sociais e de *governance* na sua gestão;
5. Realizar uma triagem relativamente à atividade ou impacte que o ativo tem num determinado tema de sustentabilidade;
6. Realizar uma triagem com base no impacte que um projeto ou uma empresa pode ter na sociedade; e
7. Realizar uma triagem com base na forma como a empresa interage com os seus stakeholders e com os seus acionistas.

Destas várias estratégias possíveis que os gestores de fundos podem realizar, a mais utilizada mundialmente é triagem negativa dos ativos através de uma lista de exclusão, uma vez que constitui também o procedimento mais simples. Muitas vezes os gestores de fundos utilizam as listas de exclusão praticadas pelos Bancos Multilaterais como o Banco Mundial ou pelas Agências de desenvolvimento como a Agência Francesa para o Desenvolvimento.

Quando analisamos as taxas de crescimento destas estratégias, verificamos que aquela associada ao diálogo com stakeholders e acionista é a terceira estratégia com maior crescimento, evidenciando assim o aumento do peso dos temas da *governance* para os investidores.

Durante muitos anos existiram vários estudos académicos que pretendiam demonstrar se estes fundos sustentáveis tinham retorno superiores ou inferiores aos fundos tradicionais. E se inicialmente existia uma potencial dúvida sobre a potencialidade do retorno, nos últimos anos ficou claro que estes fundos, na pior das hipóteses, têm um comportamento semelhante aos fundos tradicionais. Na realidade muitos deles apresentam uma menor volatilidade e por vezes retornos ligeiramente superiores. Estes aspetos positivos fazem todo o sentido, uma vez que, na realidade, os fundos com critérios ESG vão buscar aquelas empresas e países que têm implementado estratégias e procedimentos ESG, o que contribui para a diminuição do risco do ativo.

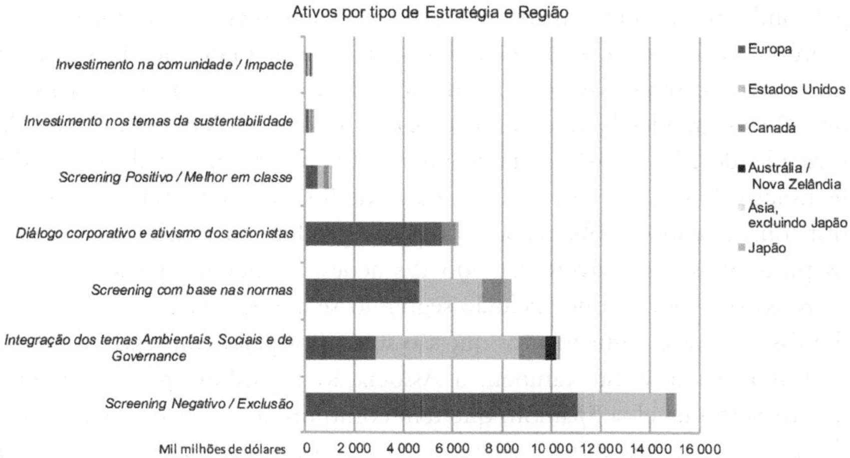

Fonte: *Global Sustainable Investment Review, 2016*. Tradução realizada pelas autoras. Valores em milhões de dólares.

Figura 13. Ativos de Fundos Sustentáveis por Estratégia e por Região

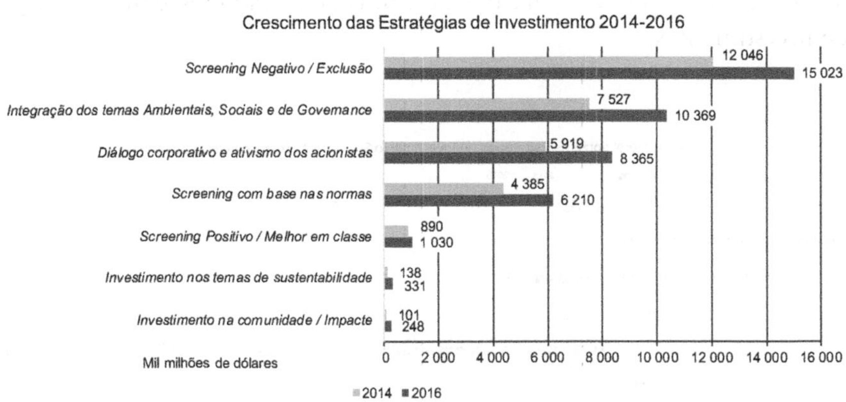

Fonte: *Global Sustainable Investment Review, 2016*. Tradução realizada pelas autoras. Valores em milhões de dólares.

Figura 14. Crescimento de Estratégias entre 2014-2016

Este é um setor em crescimento por todo o mundo, em particular na Europa e nos Estados Unidos. Na Europa, a França e a Inglaterra apresentam um mercado de fundos de investimento sustentável mais desenvolvido, sendo muito interessante compreender que a nossa vizinha Espanha tem já regulação em vigor sobre este tipo de fundos, sendo também um país onde este produto financeiro tem vindo a crescer. Na realidade, e de acordo com a Eurosif – associação europeia para os fundos de investimento sustentáveis e responsáveis – os principais atores neste mercado em Espanha são os grandes bancos como o Santander e o BBVA com quotas de mercado de 23% e 34% respetivamente. Os outros principais atores são os fundos de pensão. Em Espanha cerca de 96% dos investidores são institucionais, sendo as obrigações o tipo de produto mais selecionado para os portefólios sustentáveis, seguido das ações. Também aqui a estratégia mais usada é a da lista de exclusão seguindo-se a estratégia associada à análise das normas e regulamentos que são subscritos pelas empresas ou países.

Em Espanha existe também a Associação Espanhola para o Investimento Sustentável, a SpainSif, que tem como missão "*promover a integração de critérios ambientais, sociais e de boa governance nas políticas de investimento por meio do diálogo com diferentes grupos sociais, contribuindo para a desenvolvimento sustentável, bem como sensibilização e promoção de mudanças nos processos de investimento na comunidade de investimento, Administrações Públicas, empresas e público em geral*". Atendendo às diferenças no tamanho do mercado de capitais entre Portugal e Espanha, faz sentido pensar qual seria a melhor forma de também trazer para Portugal uma aplicação crescente deste tipo de investimentos.

Fonte: http://www.eurosif.org/sri-study-2016/spain/. Tradução realizada pelas autoras. Valores em milhões de dólares.

Figura 15. Visão Geral sobre as Estratégias de Investimento Socialmente Responsável em Espanha

6.2. Fundos de Impacte

> *"Os investimentos de impacte são investimentos feitos em empresas, organizações e fundos com a intensão de gerar impacte ambiental e social mensurável em conjunto com um retorno financeiro."*
>
> *Global Impact Investing Network*

Os fundos de impacte estão associados a investidores filantropos e a fundações, que pretendem investir em projetos que originem um impacte ambiental e social positivo, e que gerem também algum tipo de retorno financeiro. Estes tipos de fundos são muito interessantes para os doadores porque[143]:

- é uma ferramenta poderosa para alavancar o dinheiro filantrópico, uma vez que os retornos de investimento podem ser reutilizados repetidamente para aumentar o impacte;
- permite aos doadores maior liberdade e flexibilidade, uma vez que eles podem testar formas inovadoras de obter retorno financeiro à medida que procuram ter impacte, sendo possível apoiar organizações sem fins lucrativos e com fins lucrativos;
- os doadores usam o investimento de impacte para dar nova vida à sua estratégia filantrópica.

De acordo com a *Global impact Investing Network*, no seu relatório anual de 2018 resultante de um questionário a 229 dos maiores investidores de impacte a nível mundial[144], atualmente existe cerca de 228 mil milhões de dólares que são investidos com uma abordagem de impacte. A maioria dos respondentes afirmam que os seus investimentos cumpriram com as expectativas de impacte (97%) e de desempenho financeiro (91%).

Apesar destes fundos estarem em crescimento, constituem ainda um pequeno nicho de investimento, uma vez que talvez seja necessário capacitar os gestores de fundos a gerirem a riqueza de indivíduos e fundações incluindo no rácio que calcula o retorno do investimento a componente ambiental e social, e por outra seja necessário capacitar as fundações para pensarem os seus donativos como fundos capazes de gerar rendimento. Em todo este processo, a possível intervenção governamental pode ser interes-

---

[143] Rockefeller Philantropy, *Impact Investing*, an Introduction.

[144] As conclusões do relatório são baseadas em respostas de questionários realizados a gestores de fundos, bancos, fundações, instituições financeiras de desenvolvimento, fundos de pensão, seguradoras e escritórios familiares.

sante de forma a poder alavancar este produto. É neste contexto que surgem a chamadas *Social Impact Bonds* (SIB). As SIB são contratos estabelecidos entre ONGs, Estado e financiadores, com o objetivo de promover a resolução de um problema social com poupanças para o Estado. Uma ONG ao ter um programa inovador que vai ajudar a colmatar um problema social, precisa de financiamento para o implementar. Uma vez que vai ter um impacte social, está, de certa forma, a substituir-se ao Estado na resolução do problema, e como tal está a poupar dinheiro público. Assim, os investidores, o Estado e as ONGs acordam nos objetivos que a atividade ambiciona atingir, e nas poupanças de dinheiro público que ocorrem se esses objetivos forem alcançados. Os investidores canalizam o dinheiro para as ONGs, e estas desenvolvem a sua atividade. Se os objetivos previamente definidos forem alcançados, o Estado então devolve aos Investidores o valor previamente acordado. De notar que esse valor, muitas vezes incluindo alguma taxa de rentabilidade, é mais baixo do que o custo que o Estado teria para desenvolver aquela atividade, devido às ineficiências características de instituições burocráticas em com um peso processual significativo.

Em Portugal, poderia fazer sentido analisar-se a possibilidade de se expandir o investimento de impacte quer das fundações, quer dos filantropos quer de alguns financiamentos públicos, e mesmo potencial participação do setor financeiro privado. Para tal é essencial que exista um elevado nível de confiança e de parceria, para que os termos do acordo e do impacte do projeto sejam definidos previamente. Envolver vários agentes de diferentes setores num financiamento que envolve ONGs e Estado não é comum, mas poderá fazer todo o sentido principalmente em países pequenos como Portugal onde o financiamento filantrópico é claramente insuficiente.

6.3. Obrigações Verdes

"Obrigações verdes são qualquer tipo de instrumento de obrigações onde o produto será aplicado exclusivamente para financiar ou refinanciar, em parte ou na totalidade, novas e/ou Projetos Verdes elegíveis."[145]

"Os títulos verdes são instrumentos de dívida usados para financiar projetos verdes que proporcionam benefícios ambientais. Os recursos financeiros dos títulos

---

[145] ICMA (2018) *Green Bond Principles.*

verdes são dedicados a "projetos verdes", cujas finalidades deve ser transparente para os investidores, a fim de manter a reputação do mercado."[146]

"Obrigações verdes são emitidas a fim de aumentar o financiamento para soluções associadas à mudança climática. As obrigações verdes podem ser emitidas por governos, bancos, municípios ou corporações. O rótulo da obrigação verde pode ser aplicado a qualquer formato de dívida, incluindo colocação privada, securitização, garantia coberta, e sukuk."[147]

As obrigações verdes são um produto financeiro em franco crescimento, tendo atingido em 2017, a nível mundial, cerca de 155 mil milhões de dólares, representando um aumento de 78% face aos valores atingidos em 2016[148]. Estes produtos normalmente financiam projetos de infraestrutura verde em grande escala e intensivos em capital, como por exemplo os projetos de eficiência energética, transportes ou energia renovável, entre outros, que podem ser pagos a partir de fluxos de caixa constantes e de longo prazo. A *Climate Bonds Initiative* prevê que em 2018, o valor mundial em obrigações verdes atinja os 250 a 300 mil milhões de dólares.

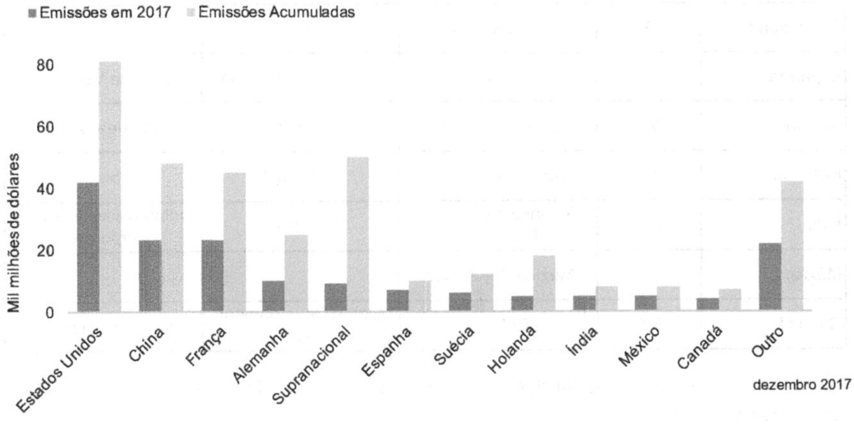

Fonte: *Climate Bonds Initiative* (2018) *Green Bonds Highlights 2017*. Tradução realizada pelas autoras. Valores em milhões de dólares.

Figura 16. Os 10 países que emitem mais Obrigações Verdes, em 2017[149]

---

[146] G20 Green Finance Study Group (2016) *G20 Green Finance Synthesis Report*.

[147] Climate Bonds Initiative (2018) *The green bond market in Europe*.

[148] Climate Bonds Initiative (2018) *Green Bonds Highlights 2017*.

[149] Idem.

Como podemos ver nas Figuras 16 e 17, os principais países responsáveis pela emissão de 56% das obrigações verdes são os Estados Unidos da América, a China e a França. Nos EUA o principal emitente é a *Fannie Mae*, seguida da *Metropolitan Transportation Authority* (MTA) de Nova Iorque. Na China, o Banco de Desenvolvimento Chinês e Banco de Beijing são os principais emitentes. Pelo facto de termos os EUA e a China como principais atores internacionais das Obrigações Verdes, torna-se claro que estes países conseguem identificar um conjunto de oportunidades para optarem por este produto financeiro, e não a tradicional emissão de obrigações.

Top 10 Países	2017, total em mil milhões de dólares	Top 3 dos maiores emitentes de obrigações verdes para cada nação incluindo supranacional		
Estado Unidos	42,4	Fannie Mae	New York MTA	Apple INC
China	22,5	China Development Bank	Bank of Beijing	ICBC
França	22,1	Republic of France	Credit Agricole CIB	Engie
Alemanha	9,6	KfW	Berlin Hyp	Innogy
Supracionail	9	EIB	IFC	Asian Development Bank
Espanha	5,6	Iberdola	Gas Natural Fenosa	ADIF Alta Velocidad
Suécia	5,3	Specialfastigheter	Swedbank	Nordea Bank
Holanda	4,4	TenneT Holdings	NWB Bank	Obivion
Índia	4,3	Greenko Investment Company	IREDA	Indian Railway France Corporation
México	4	Mexico City Airport		
Canadá	3,5	TB Bank	Export Development Canada	Province of Ontario

Fonte: *Climate Bonds Initiative* (2018) *Green Bonds Highlights 2017*. Tradução realizada pelas autoras. Valores em milhões de dólares.

Figura 17. Os principais emitentes de cada país, em 2017[150]

As obrigações verdes emitidas mundialmente estão associadas a investimentos em energias renováveis, seguindo-se, e de forma crescente, investimentos na área dos edifícios de baixo carbono, eficiência energética e

[150] Idem.

transportes de baixo carbono. Investimentos em projetos associados à gestão de resíduos, uso da terra e adaptação às alterações climáticas são ainda diminutos, talvez ainda devido a alguma falta de clarificação sobre que projetos poderão ser ou não classificados como alvo de obrigações climáticas.

Como podemos ver na Figura 18, o mercado mundial de obrigações verdes cresceu de 87 mil milhões de dólares para 156 mil milhões, entre 2016 e 2017. Esse aumento foi essencialmente canalisado para energias renováveis e edifícios de baixo carbono, pois estas duas áreas são aquelas com maior potencial para baixar as emissões de carbono, e assim atingir-se os compromissos do Acordo de Paris.

Uma definição universal ou europeia do que pode ser uma obrigação verde, e o que inclui o "verde", está ainda por surgir. No entanto, a proatividade de algumas instituições financeiras, bem como de algumas organizações internacionais dedicadas à *Sustainable Finance*, tem feito o mercado das obrigações verdes crescer, o que tem levado ao surgimento de vários *standards* ou guias sobre as obrigações verdes em várias regiões do mundo[151]:

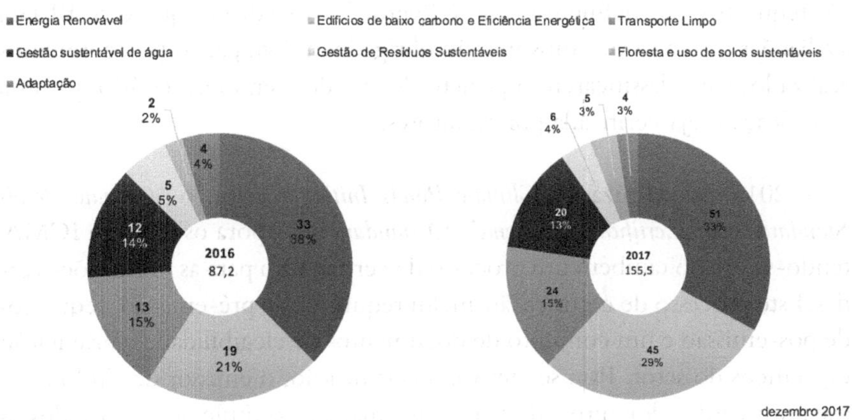

Fonte: *Climate Bonds Initiative* (2018) *Green Bonds Highlights 2017*. Tradução realizada pelas autoras. Valores em mil milhões de dólares.

Figura 18. Áreas de investimento das Obrigações Verdes

– 2014. O *Green Bond Principles* (GBP) foi criado por um consórcio de bancos de investimento: Bank of America Merrill Lynch, Citi, Crédit Agricole Corporate e Investment Bank, JPMorgan Chase, BNP Paribas, Deutsche Bank, Goldman Sachs, HSBC, Mizuho Securities, Morgan Stanley,

[151] Global Green Finance Council (2017) *Global and European Green Finance Policy Directory.*

Rabobank e SEB. A monitorização e a melhoria das diretrizes estão a cargo da Associação Internacional do Mercado de Capitais (ICMA), que publicou a versão mais atual destes princípios em 2018.

– 2015. O People's Bank of China e a *National Development Reform Commission* publicaram também diretrizes para emissão de títulos verdes na China, com o objetivo de clarificar o que significa e o que engloba efetivamente a expressão "verde".

– 2016. O Conselho de Desenvolvimento de Serviços Financeiros de Hong Kong, um órgão consultivo, publicou um relatório com recomendações sobre como desenvolver Hong Kong como um centro financeiro verde. Estas recomendações incidiram sobre a emissão de obrigações verdes de referência para o sector público e a criação de um esquema de rotulagem verde para valores mobiliários e projetos para atrair emissores e investidores.

– 2016. O Securities and Exchange Board da India (SEBI) publicou seus primeiros requisitos para classificar os títulos verdes após consulta pública. Os requisitos não definem o que é "verde", mas adiante que o SEBI fará avaliações caso a caso. Emissores são obrigados a divulgar os procedimentos realizados para classificarem o projeto de "verde" sendo necessário que essa classificação seja verificada por Auditores.

– 2015. A organização *Climate Bonds Initiative* criou o "*Climate Bonds Standard*" e o "*Certification Scheme*". O *standard* incorpora os GBP da ICMA, tendo-se criado também um processo de certificação para as obrigações verdes. Este processo de certificação, inclui requisitos de pré-emissão, requisitos de pós-emissão e um conjunto de documentos de elegibilidade e orientação específicos do setor. Para se efetivar a certificação, o emissor do título contrata um verificador aprovado para confirmar que o título atende a todos os requisitos do "*Climate Bonds Standard & Certification Scheme*".

– 2017. O *Securities and Exchange Board of India,* publicou uma circular dirigida a emissores de dívida corporativa, banqueiros e todas as bolsas de valores os requisitos de divulgação para a emissão e listagem de títulos verdes.

– 2017. A *China Securities Regulatory Commission* divulgou diretrizes para apoiar a emissão de títulos verdes, acelerando assim o processo de aprovação da emissão de títulos verdes de forma a incentivar as instituições financeiras a investir nesses títulos.

– 2017. O Fórum de Mercados de Capitais da ASEAN publicou os *ASEAN Green Bond Standards* que foram criados com base nos GBP da ICMA, mas devidamente adaptados para atender às necessidades e compromisso dos países da ASEAN. O rótulo de "*ASEAN Green Bond Standard*" só deve ser usado para emissores e projetos da região e exclui especificamente projetos relacionados a combustíveis fósseis.

– 2018. A Comissão Europeia divulga o Plano de Ação para Financiar um Crescimento Sustentável identificando as 10 ações que serão realizadas no futuro próximo. Nessas ações identifica-se a necessidade de se definir um *standard* Europeu para as obrigações verdes. Nesse sentido, criou um *Technical Expert Group on Sustainable Finance* (TEG), com o objetivo de ajudar a Comissão Europeia a regular sobre vários temas (ver capítulo 5), incluindo a criação de um *standard* Europeu de Obrigações Verdes. Aguarda-se assim que muito em breve possa surgir para discussão pública o *standard* Europeu para as Obrigações Verdes que irá beber informação aos "GBP" da ICMA, e à abordagem do "*Climate Bonds Standard & Certification Scheme*" criado pela *Climate Bonds Initiative.*

Apesar de existirem várias definições do que pode ser incluído numa obrigação verde, de acordo com os GBP, os seguintes projetos podem ser considerados "verdes":

- energia renovável (incluindo produção, transmissão, utensílios e produtos);
- eficiência energética (como em edifícios novos e remodelados, armazenamento de energia, calefação distrital, redes inteligentes, utensílios e produtos);
- prevenção e controle de poluição (incluindo tratamento de águas residuais, redução de emissões atmosféricas, controle de gases de efeito estufa, descontaminação do solo, prevenção de resíduos, redução de resíduos, reciclagem de resíduos e conversão de resíduos em energia/ eficiente em emissões, produtos de valor agregado de resíduos e remanufatura e monitoramento ambiental associado);
- gestão ambientalmente sustentável de recursos naturais vivos e uso da terra (incluindo agricultura sustentável; criação de animais de forma sustentável; insumos agrícolas climaticamente inteligentes, como proteção biológica de culturas ou irrigação por gotejamento; pesca e aquicultura ambientalmente sustentáveis; silvicultura sustentável, incluindo arborização ou reflorestamento, e preservação ou restauração de paisagens naturais);

- conservação da biodiversidade terrestre e aquática (incluindo a proteção dos ambientes costeiros, marinhos e bacias hidrográficas);
- transporte limpo (tal qual transporte elétrico, híbrido, público, ferroviário, não motorizado e multimodal, infraestrutura para veículos energeticamente limpos e redução de emissões nocivas);
- gestão sustentável das águas e águas residuais (incluindo infraestrutura sustentável para água limpa e/ou potável, tratamento de águas residuais, sistemas de drenagem urbana sustentáveis, reabilitação das áreas marginais e outras formas de mitigação de inundações);
- adaptação às mudanças climáticas (incluindo sistemas de suporte de informações, como observação climática e sistemas de alerta precoce);
- produtos, tecnologias e processos de produção ecoeficientes e/ou adaptados à economia circular, (como desenvolvimento e introdução de produtos ambientalmente mais favoráveis, com rótulo ecológico ou certificação ambiental, embalagem e distribuição eficiente de recursos);
- edifícios verdes que atendem a padrões e certificações reconhecidos regionalmente, nacionalmente ou internacionalmente.

Os GBP, também recomenda que os emissores recorram a uma revisão externa para confirmar o alinhamento de seus títulos verdes com as principais características dos GBP. Existem várias maneiras de os emissores obterem contribuição externa na formulação de seu processo de títulos verdes e existem vários níveis e tipos de revisão que podem ser fornecidos pelo mercado. Tais orientações e revisões externas podem incluir revisão de um consultor ou uma *2nd party opinion*, verificação, certificação ou a listagem da obrigação num *rating*[152].

Como podemos verificar, o mundo financeiro das obrigações verdes consegue ser um *mix* entre a complexidade técnica dos produtos financeiros e a complexidade técnica dos requisitos ambientais e de *acountability*.

Espera-se assim que o futuro *standard* Europeu para as obrigações verdespossa criar uma linguagem única entre os agentes, sabendo que irá beber muito às *frameworks* já existentes.

[152] ICMA (2018) *Green Bond Principles.*

Mercados de Capitais específicos para Obrigações Verdes:		
Londres	Luxemburgo	Oslo
A Bolsa de Valores de Londres lançou uma série de segmentos dedicados de "títulos verdes", oferecendo aos emissores uma gama flexível de modelos de mercado, abrangendo tanto os segmentos de Mercado Regulado (RM) e MTF, compreendendo retail and wholesale. Os títulos verdes têm o mesmo status regulatório que os títulos "não verdes" equivalentes e podem normalmente ser emitidos por meio de prospectos de base padrão. https://www.bourse.lu/green-bonds	Em 2007, LuxSE listou a primeira emissão de obrigações verdes de sempre a entrar no mercado: o "Climate Awareness Bond" do Banco Europeu de Investimento. Desde então, esta bolsa tornou-se o principal local para essa classe de ativos. Hoje, mais de 160 títulos verdes estão listados. Os emissores são estados soberanos, supranacionais, agências e bancos de desenvolvimento a instituições financeiras e corporações. https://www.lseg.com/green	Em janeiro de 2015, a bolsa de valores de Oslo Børs passou a ter uma lista separada de títulos verdes. A lista foi estabelecida para aumentar a visibilidade das opções de investimento verde. https://www.oslobors.no/ob_eng/Oslo-Boers/Listing/Interest-bearing-instruments/Green-bonds

Figura 19. Mercado de Capitais específicos para Obrigações Verdes

6.4. Obrigações Sociais

"Obrigações sociais são qualquer tipo de instrumento de dívida que será aplicado exclusivamente para financiar ou Re-financiar um projeto com outcome social positivo, quer seja uma parte desse projeto, quer seja um projeto totalmente novo."[153]

Existem também obrigações destinadas a projetos que vão ter um impacte social positivo. Apesar destes projetos normalmente terem também um impacte ambiental positivo, estas obrigações são justificadas pelo impacte social gerado na comunidade com o projeto.

[153] ICMA (2018) *Social Bonds Principles.*

Alguns dos Projetos Sociais podem se:

- Infraestrutura básica acessível (por exemplo, água potável limpa, esgotos, saneamento, transporte, energia);
- Acesso a serviços essenciais (por exemplo, saúde, educação e formação profissional, cuidados de saúde, financiamento e serviços financeiros);
- Habitação a preços acessíveis;
- Geração de emprego incluindo através de o efeito potencial do financiamento das PME e microfinanciamento;
- Segura Alimentar;
- Avanço socioeconómico e *empowerment*.

Algumas das populações que podem ser alvo destes projetos são:

- Populações que vivem abaixo da linha da pobreza;
- Populações excluídas e/ou marginalizadas e/ou comunidades;
- Grupos vulneráveis, inclusive como resultado de desastres;
- Pessoas com deficiência;
- Migrantes e/ou pessoas deslocadas;
- Populações com pouca ou nenhuma educação formal;
- Populações sem acesso de qualidade a bens e serviços essenciais;
- Desempregados.

O mercado das obrigações sociais é bastante mais pequeno do que o das obrigações verdes, tendo em 2017 atingido um valor global de 8,8 mil milhões de dólares. Apesar de relativamente baixo (quando comparado com o valor das obrigações verdes) em 2016 esse valor atingiu os 2,2 mil milhões de dólares, tendo existido assim um crescimento exponencial entre 2016 e 2017[154].

6.5. Obrigações Sustentáveis

"As Obrigações Sustentáveis são títulos em que os recursos serão aplicados exclusivamente financiar ou re-financiar uma combinação de projetos verdes e sociais. As Obrigações Sustentáveis estão alinhadas com os quatro componentes principais dos Princípios das Obrigações Verdes e Obrigações Sociais."[155]

---

[154] ICMA (2018) *Green & Social Bond Market Update.*

[155] ICMA (2018) *Sustainability Bond Principles.*

Este tipo de obrigações ainda está no início do seu desenvolvimento, sendo de esperar que estas obrigações fiquem associadas aos Objetivos para o Desenvolvimento Sustentável. A ICMA também criou os Princípios para as Obrigações Sustentáveis em Junho de 2018, estando o mercado deste tipo de obrigações ainda numa fase muito inicial.

6.6. Empréstimos Verdes

> "*Empréstimos verdes são qualquer tipo de instrumento de empréstimo disponibilizado exclusivamente para financiar ou re-financiar, no todo ou em parte, novos projetos, e/ou projectos verdes elegíveis existentes. Os empréstimos verdes não devem ser considerados intercambiáveis com empréstimos que não estão alinhados com os quatro componentes principais dos Green Loan Principles.*"[156]

Um novo produto financeiro que está a ter um uso crescente pela banca de investimento e de retalho são os chamados empréstimos verdes. Estes empréstimos verdes consistem na atribuição de um empréstimo a uma entidade, em que a taxa de juro a pagar dependerá da capacidade da empresa em atingir os objetivos ambientais definidos e acordados entre o financiador e o financiado. Para que um empréstimo seja considerado verde, existem vários procedimentos referidos no *Green Loan Principles* produzido pela ICMA.

Para que um empréstimo seja considerado "verde", seu objetivo deve ser promover a sustentabilidade ambiental. No entanto, também necessita de ser certificado por uma agência externa.

Um dos exemplos mais referidos de empréstimos verdes, é o caso da Danone que, em fevereiro de 2018, passou a ter a taxa de juro do seu crédito de 2 mil milhões euros (concedido por um consórcio bancário) indexada a duas componentes novas: pontuação dada por duas agências de rating sobre o desempenho ambiental, social e de *governance* da Danone (*Sustainalytics* e *Vigeo*); e a percentagem de vendas consolidadas da Danone realizadas pelas empresas do Grupo que têm a certificação de B-Corp. Sem dúvida que ao colocar-se estes objetivos que passam a ter uma rentabilidade financeira evidente, a Danone está assim a pressionar toda a sua equipa para atingir um comportamento e uma prática mais sustentável.

Podem-se realizar empréstimos verdes de forma mais simples e com indexações menos ambiciosas do que as assumidas pela Danone. No entanto

---

[156] Loan Market Association (2018) *Green Loans Principles.*

vale a pena enfatizar que a Danone iniciou um caminho que vai ser seguido por muitas empresas multinacionais num futuro próximo.

Hoje em dia já existem alguns bancos que comercializam este tipo de empréstimos. Não são muitos, mas o mercado potencial para este produto é significativo. De acordo com o Diretor de *Sustainable Finance* do Banco ING, o mercado para os empréstimos verdes pode-se tornar maior do que o das obrigações verdes.

ING Bank: esteve envolvido em transações de empréstimos verdes no valor de 2,2 mil milhões de euros em 2017.

Barclays: O *Green Loans* do Barclays abrange uma variedade de projetos temáticos, incluindo a eficiência energética, energias renováveis, transportes ecológicos, alimentos sustentáveis, agricultura e silvicultura, gestão de resíduos e redução das emissões de gases com efeito de estufa.

BBVA: O BBVA fechou o primeiro acordo de empréstimo verde com uma empresa do setor de distribuição espanhol, Cooperativa Valenciana Consum, no valor de 5 milhões de euros.

7. Inovação Financeira

"In my view, the current financial system absolutely does need to be challenged, and I'm hopeful that the cracks that are starting to appear in the current system will turn into fissures. Many Fintech, and Challenger banks are helpful as a phenomenon because they are chipping away at the unthinking loyalty that many in the UK have to the established banks. Yet we need to ask: why do these Challengers actually exist and who is benefiting from their business model? Are they financially, socially and environmentally sustainable? And most importantly: where does savers' money go and does it benefit that saver's non-financial interests in the long term? It's only when we challenge the industry with these questions that we create something truly disruptive."

Bevis Watts,
Diretor de Gestão do Triodos Bank, no Reino Unido

No Acordo de Paris, os países acordaram que iriam promover "fluxos financeiros consistentes com um caminho para as baixas emissões de gases com efeito de estufa e desenvolvimento resiliente ao clima".[157]

Deste modo, os países em desenvolvimento irão receber recursos financeiros para ações de mitigação e adaptação, enquanto que é expectável que os países desenvolvidos continuem a liderar a mobilização de financiamento climático. O financiamento climático, através de inovadoras ferramentas e abordagens, está a cativar um crescente interesse de países e agências de financiamento.

Aproveitar a tecnologia para possibilitar novas oportunidades de tomada de decisão e novos modelos de negócio vai certamente remodelar o sistema financeiro global e a relação com a sociedade e o ecossistema. Assim, o alinhamento das novas tecnologias financeiras aos imperativos estabelecidos pelos ODS, permitirá a adequação no desenvolvimento de soluções que contribua para as pessoas, para o planeta e para a prosperidade. Vamos ver de seguida como é que esta ligação entre tecnologia e sustentabilidade pode ser promovida.

[157] ISSD, SDG Knowledge Hub, *Climate Finance Update: Focus on New Financing Tools*, February 2017.

7.1. *Fintech*

A tecnologia financeira, *Fintech*, está a emergir como revolucionador de todos os aspetos do sistema financeiro atual. *Fintech* oferece uma perspetiva de acelerar a integração da economia financeira e real, aumentando as oportunidades e incentivos alinhados com o desenvolvimento sustentável.[158]

A *Fintech* tem uma grande extensão, cobrindo desde as plataformas de pagamento até o *High-Frequency Trading* (HFT), e através de vários instrumentos de transações como o *crowdfunding* (e *crowdlending*) e o *Blockchain*. As inovações de *Fintech* prometem um sistema financeiro mais eficiente e acessível e, menos vulnerável. Se os desenvolvimentos em *Fintech* puderem ser adaptados para apoiar as prioridades sociais e ambientais (paralelamente ao capital económico), o desenvolvimento sustentável global e local seria beneficiado.

A UNCTAD[159] estima que, para alcançar os ODS até 2030, serão necessários 3,9 biliões de dólares por ano a serem investidos em países em desenvolvimento[160], uma vez que os ODS representam os "problemas" e desafios mais importantes do século XXI. A *Fintech*[161] representa, pois, uma oportunidade sem precedentes para o desenvolvimento sustentável. O financiamento da transição para uma economia verde e inclusiva depende parcialmente de uma redefinição do sistema financeiro global que garanta a redistribuição do capital privado. A *Fintech* pode impulsionar essa transição através da adaptação dos seus desenvolvimentos para suportar as prioridades ambientais e sociais, libertando um potencial existente na tecnologia (com motivação comercial) para alcançar pelo menos um ODS.

---

[158] UNEP Inquiry (2016) *The Financial system we need - from momentum to transformation*, 2nd edition, October.

[159] A United Nations Conference on Trade and Development (UNCTAD) é uma estrutura intergovernamental permanente das Nações Unidas.

[160] O investimento anual é de apenas 1,4 biliões de dólares, havendo um gap de 2,5 biliões de dólares anuais por resolver.

[161] Gunn G., Stanley M. (2018) *Using Financial Technologies for a More Sustainable Planet*, IISD, 14 June (Online) Disponível em: https://www.iisd.org/blog/using-financial-technologies-more-sustainable-planet.

7.2. *Blockchain*

"As countries, regions, cities and businesses work to rapidly implement the Paris Climate Change Agreement, they need to make use of all innovative and cutting-edge technologies available. Blockchain could contribute to greater stakeholder involvement, transparency and engagement and help bring trust and further innovative solutions in the fight against climate change, leading to enhanced climate actions."

ALEXANDRE GELLERT PARIS
Associate Programme Officer na UNFCCC

Uma *Blockchain*[162] é uma base de dados distribuída que é continuamente atualizada e verificada pelos seus utilizadores. Cada bloco de dados adicionados são "acorrentados" e tornam-se parte de uma crescente lista de registos, debaixo da vigilância dos membros da rede. Esta tecnologia permite a transferência de ativos e o registo das transações através de uma base de dados segura[163]. A *Blockchain* torna os dados mais confiáveis, tanto para provedores de dados quanto para os utilizadores, permitindo que cada um tenha certeza de sua providência e da integridade dos dados.

Como a maioria das aplicações da tecnologia *Blockchain* visa fornecer transparência e registos indiscutíveis de transações, essa tecnologia tem também um grande potencial para reduzir o risco de corrupção e de volatilidade. Com os livros digitais fornecendo um canal seguro para fazer e registrar transações, qualquer situação que exija transações verificáveis e auditáveis torna-se automatizada. As *Blockchains* são compartilhados em todas as redes, abrangendo o mesmo número de utilizadores registados. Ao contrário de redes centralizadas ou descentralizadas, a *Blockchain* previne o controlo monopolista do sistema. A tecnologia também regista transações de forma aberta e permanente, promovendo a transparência e a rastreabilidade dos dados.

Devido à sua natureza distribuída, a *Blockchain* pode melhorar a *governance* e a sustentabilidade em suporte da ação coletiva com o objetivo de

---

162 A primeira maior aplicação da tecnologia *Blockchain* foi a moeda digital *Bitcoin*, lançada em 2009, permitindo que os pagamentos online pudessem ser transferidos diretamente, sem qualquer intermediário. A moeda é usada atualmente por milhões de pessoas para efetuarem pagamentos. No entanto, a *Blockchain* (a tecnologia subjacente que opera a *Bitcoin*) deverá ser separada da moeda, pois tem muitas outras aplicações em cooperação inter-organizacional, incluindo como um meio eficiente para manter registos de transações e gerir dados.

163 UNFCCC (2017) *How Blockchain Technology Could Boost Climate Action*, 1 June.

resolver as alterações climáticas. Pesquisas sobre formas de integrar a *Blockchain* em diferentes setores relacionados ao desenvolvimento sustentável estão agora em expansão, e espera-se que a inovação na intersecção da *Blockchain* e da mudança climática se desenvolva ainda mais nos próximos anos. O secretariado das Nações Unidas sobre Mudanças Climáticas (UNFCCC) reconhece o potencial geral da tecnologia *Blockchain*. Em particular, a transparência, a relação custo-benefício e as vantagens em eficiência, que por sua vez podem levar a uma maior integração das partes interessadas e a uma maior criação de bens públicos globais, são atualmente vistas como os principais potenciais benefícios. O secretariado, portanto, apoia especificamente iniciativas que levem à inovação na intersecção da *Blockchain* e do clima[164].

A *Blockchain* pode assumir um papel importante no combate às alterações climáticas, através de: i) transações de ativos de carbono (*improved carbon emission trading*); ii) desenvolvimento de plataformas de comércio de energias renováveis (*peer-to-peer facilitated clean energy trading*)[165]; iii) desenvolvimento de *Crowdfunding* e transações financeiras (*peer-to-peer enhanced climate finance flows*); e iv) mais transparência, rastreabilidade e relato relativamente às emissões de gases com efeito de estufa (*better tracking and reporting of the greenhouse gas emissions reduction and avoidance of double counting*[166]).

O aproveitamento da quarta revolução industrial será fundamental para o crescimento inclusivo e para o desenvolvimento sustentável onde é mais necessário. Atualmente há a oportunidade e o incentivo para explorar como é que a *Blockchain* facilitará projetos de desenvolvimento financiados internacionalmente, especialmente em economias em desenvolvimento. Tem um enorme potencial para gerir eficientemente vários projetos e partes em projetos complexos e transnacionais, especialmente aqueles projetos que envolvam parcerias público-privadas (por exemplo, grande projetos de infraestrutura e energia).

---

[164] Uma dessas iniciativas é a hackathon *Blockchain* for Climate, organizada pelo governo do Liechtenstein, Cleantech21, INFRAS e ETH Zürich, na margem da COP23.

[165] Os consumidores poderiam comprar, vender ou trocar energia renovável entre eles, usando tokens ou ativos digitais comerciais representando uma certa quantidade de produção de energia.

[166] Com uma maior rastreabilidade e relato das emissões e das suas reduções (evitando assim problemas de contagem dupla), poderia servir como uma ferramenta para monitorizar o processo das *Intended Nationally Determined Contributions* – iNDC, sob o Acordo de Paris, assim como as metas individuais das empresas.

Desde o aparecimento da tecnologia *Blockchain*, têm ocorrido muitas mudanças no setor financeiro. Várias empresas, especialmente *startups*, criaram formas inovadoras de ajudar a cumprir os Objetivos de Desenvolvimento Sustentável.

7.3. *Blended Finance*

> *"Blended Finance delivers on 3 elements: impact (social and economic growth); returns (mitigates risk-maximising returns); and leverage (mobilize private investment)."*
>
> WORLD ECONOMIC FORUM

"*Blended Finance*", ou o financiamento combinado, tornou-se numa espécie de uma *buzzword* ultimamente. Foi várias vezes referenciado (e em várias fontes) como uma das melhores formas de atrair o capital necessário para alcançar os Objetivos para o Desenvolvimento Sustentável. Na comunidade de financiamento de desenvolvimento[167], o *Blended Finance* tem sido igualmente apresentado como uma solução com potencial significativo para ajudar a enfrentar o desafio de concretização dos objetivos da Agenda 2030 para o desenvolvimento sustentável e o Acordo de Paris.

No entanto, e apesar do reconhecimento, "*Blended Finance*" continua a ser um conceito que a maioria das pessoas tem dificuldade em definir[168], em parte devido ao: i) desconhecimento dos mecanismos existentes disponíveis na mitigação de alguns riscos dos investimentos; ii) relato histórico limitado da atividade de *Blended Finance*, e iii) à falta de uniformização entre os instrumentos de *blending*.

De acordo com a OECD[169], o *Blended Finance* pode ser definido como:

---

[167] Doadores e Instituições financeiras de desenvolvimento.

[168] A *Blended Finance TaskForce* foi lançada em 2017, como uma iniciativa do *Business & Sustainable Development Commission* (BSDC). A *Task Force* foi estabelecida para analisar como é que Blended Finance pode ser implementado mais efetivamente.

[169] Os OECD DAC *Blended Finance Principles for Unlocking Commercial Finance for the SDGs* será usada para informar os seus principais parceiros, como as Nações Unidas, União Europeia, e o Fórum Económico Mundial, no desenvolvimento das melhores práticas em Blended Finance, inclusive através de fóruns como o G20 e o G7.

"The strategic use of development finance for the mobilisation of additional finance[170] towards sustainable development[171] in developing countries."

O desenvolvimento do *Blended Finance*[172] surgiu para catalisar a mobilização de capital (ou de financiamento comercial) adcional, para investimentos relacionados com o desenvolvimento sustentável. No entanto, os críticos questionam a sua eficácia como fonte de financiamento e a capacidade de atender às necessidades dos países em desenvolvimento, nomeadamente a transparência dos financiamentos, a falta de foco na pobreza e a falta de propriedade pelos países em desenvolvimento. Adicionalmente, existem também preocupações técnicas e relacionadas com o mercado de *Blended Finance:* a dificuldade em acordar a forma de medição da adicionalidade financeira e de desenvolvimento, e uma compreensão limitada dos impactes a longo prazo do *blending* nos mercados (por exemplo, a possível "exclusão" dos investidores locais). [173]

O *Blended Finance* usa uma combinação de financiamento público e privado (ou filantrópico) para financiar projetos com alto impacte no desenvolvimento e para melhorar o perfil risco-retorno[174] (ou a viabilidade comercial) para o investidor privado. O financiamento por *Blended Finance* é distinguido pelo seu propósito e não pela fonte de financiamento, uma vez que o financiamento de desenvolvimento ou o financiamento comercial pode ser obtido por intervenientes públicos e privados[175]. Além disso, o enquadramento de *Blended Finance* é mais amplo do que o enquadramento existente nos bancos multilaterais de desenvolvimento e pelas instituições

---

[170] "Additional finance" refere-se essencialmente a finanças comerciais privadas.

[171] Mobilização de addtional finance para investimentos relacionados com os Objetivos de Desenvolvimento Sustentável, em países em desenvolvimento.

[172] *Blended Finance* é também uma das ferramentas complementares que a Internacional Finance Corporation (IFC), e membro do World Bank Group, usa para criar mercados e provocar impacte no desenvolvimento.

[173] Development Initiatives (2016) *Blended Finance: Understanding its Potential for Agenda 2030*, November.

[174] Os retornos esperados em veículos e instalações de Blended Finance normalmente flutuam entre 10% e 20% para investidores institucionais, dependendo na alocação de risco.

[175] O financiamento de desenvolvimento privado é implantado por fundações filantrópicas, e o financiamento comercial público pode ser implantado por empresas estatais, ou instituições financeiras (incluindo os fundos de pensão estatais). A União Europeia definiu no seu Plano Europeu de Investimento Externo (PIEI) de 2016 a sua intenção de aumentar a utilização de garantias e outros instrumentos de mistura para atrair mais investimentos privados no desenvolvimento, particularmente em África.

de financiamento do desenvolvimento, na medida em que não depende da concessionalidade como um pré-requisito, e considera a combinação no contexto de investimentos públicos e privados.

Atuando como um multiplicador dos recursos públicos, o *Blended Finance* atrai financiamentos privados através de estratégias que diminuem o risco do investimento privado. Assim, possibilita o investimento em projetos (ou mercados) que em outras condições não aconteceria, mitigando um conjunto de barreiras reais ou percecionadas (por exemplo, o risco político, a volatilidade da moeda, a falta de liquidez, desconhecimento sobre oportunidades de investimento, e climas de investimento com estruturas legais e regulamentares deficientes) [176]. O *Blended Finance* ocorre dentro do contexto de uma transação específica e difere do apoio público à reforma política e regulatória, que tem igualmente um papel no desbloqueio de capital nos países em desenvolvimento.

O *Blended Finance* pode ocorrer a diferentes níveis: a nível de um projeto, ou de um fundo, ou a nível institucional (parte de umas instalações), ou a nível de mercado. E, representa uma oportunidade na redução da exposição dos investidores privados a vários riscos políticos, regulatórios e nacionais. No entanto, os investidores ainda veem, por exemplo, a infraestrutura dos mercados emergentes sujeita a uma série de riscos difíceis de mitigar. Para os investidores internacionais, a instabilidade de receita a longo prazo tende a agravar o risco cambial, assim como as regulamentações locais e internacionais atuam como uma barreira ao investimento em infraestrutura. Por isso, mesmo que a *performance* do investimento seja razoável, os investidores revelam-se particularmente cautelosos relativamente a estes investimentos. Apesar da difícil concretização a longo prazo, a melhoria de regimes legais e regulatórios que possam criar mais confiança em relação a estes investimentos (e eventualmente, a sua redução de riscos), poderia ser uma parte fundamental da solução para atrair mais investidores. Nos diferentes modelos[177] e abordagens de *Blended Finance*, o envolvimento com atores locais públicos e privados e os esforços para

---

[176] Blended Finance Task Force (2018), *Better Finance, Better World*, Consultation Paper on the Blended Finance Task Force, in partnership with the Business and Sustainable Development Commission and SYSTEMIQ (identificado nas próximas notas de rodapé como Blended Finance Taskforce, *Consultation Paper*).

[177] Há um modelo que atrai interesse, no qual os financiadores de desenvolvimento e os privados investem com o objetivo de gerar retornos financeiros e impacte de desenvolvimento mensurável –Fundos de Impacte.

construir mercados financeiros locais podem apoiar a sustentabilidade a longo prazo do projeto.

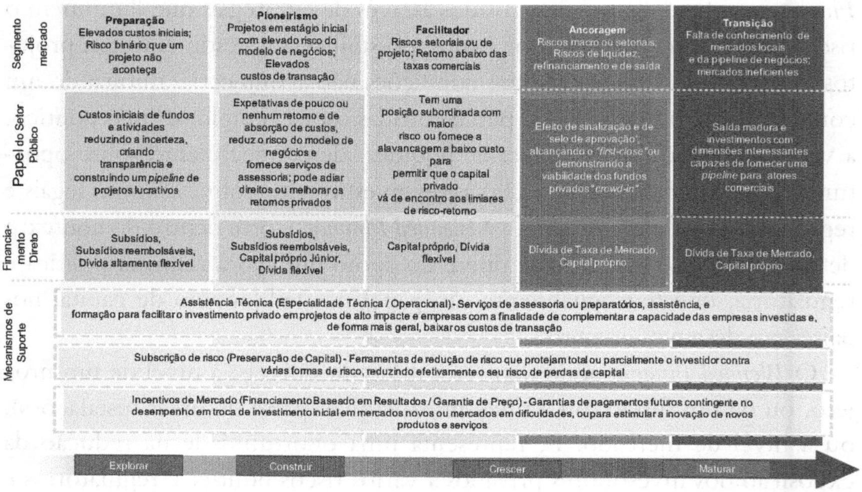

Ciclo da vida de projetos e empresas

Tradução realizada pelas autoras.

Figura 20. Abordagens ao *Blended Finance*[178]

Os instrumentos/ferramentas incluem uma gama variada de instrumentos como garantias e seguros (que protegem parcialmente ou totalmente os investidores contra os riscos), donativos especialmente para assistência técnica (estabelecidos ao lado de um veículo de investimento para fortalecer a capacidade de investimentos ou para financiar a preparação e design de fundos ou negócios individuais), entre outros[179,180]. Estes instrumentos respondem a diferentes riscos dos investidores (riscos políticos e de câmbio; riscos comerciais; riscos financeiros – acesso a capital; riscos técnicos) e podem ser combinados numa gestão única de múltiplos riscos. Por exemplo, no caso

---

[178] OECD, World Economic Forum (2015) *A How-to Guide for Blended Finance – A pratical guide for Development Finance and Philanthropic Funders to Integrate Blended Finance best practices into their organizations*, September.

[179] Blended Finance Taskforce, *Consultation Paper.*

[180] Scola B., Lahaye E. (2018) *Navigating the Next Wave of Blended Finance for Financial Inclusion*, CGAP, August.

do perfil de riscos de uma infraestrutura (riscos macroeconómicos, políticos, técnicos, de planeamento e ambientais) mudam ao longo do seu ciclo de vida (Preparação, Construção e Operação). Os vários instrumentos podem ser combinados nas fases especificas do ciclo de vida do projeto para considerar esses riscos em mudança.

O fundo *Climate Investor One* (CIO)[181] é um bom exemplo de *Blended Finance* por endereçar o ciclo de vida do risco, pois combina 3 instalações separadas para diluir o risco entre a fase de desenvolvimento, fase de construção e fase de operações de um projeto. O fundo CIO utiliza diferentes tipos de combinação dentro de e (entre) cada instalação para fornecer uma exposição de investimento que se adequa ao apetite dos diferentes investidores comerciais. Os riscos dependem do contexto por exemplo, a nível nacional) e devem ser criteriosamente avaliados, pois o nível de mobilização de capital varia – cada instrumento tende a mobilizar uma quantidade diferente de capital privado relativamente ao capital público (ou fundos filantrópicos) utilizados para suportar o instrumento. Consequentemente, alguns instrumentos são mais catalizadores de capital do que outros.

O Mercado de *Blended Finance*, ainda no seu estado inicial, conta já com mais de 50 mil milhões de dólares em ativo[182] e o momentum em volta deste mercado vai ganhando dimensão. A maior parte dos fundos existentes são pequenos – menos de 200 milhões de dólares com um tamanho médio de 100 milhões de dólares. Contudo isto varia substancialmente, e podemos encontrar fundos desde os 25 milhões de dólares[183] até 1,5 mil milhões de dólares.

Desde 2014, mais de 50 fundos e projetos[184] de *Blended Finance* foram lançados, sendo que pelo menos 40% dos fundos são em energia limpa ou em

---

[181] Para mais informações sobre o *Climate Investor One* (fundo de construção), consultar: https://www.climatefinancelab.org/project/fmo-climate-development-finance-facility/.

[182] As transações que incorporam *Blended Finance* nas suas estruturas estão alinhadas para muitas classes de ativos alternativos como as infraestruturas, private equity e iliquid credit (incluindo notas e obrigações) que são familiares para investidores institucionais. Até à data, a maioria destes investimentos tem sido privado.

[183] O *Blended Finance* pode ter um papel particularmente transformativo para projetos mais pequenos e distribuídos, ultrapassando a limitação de participação de investidores institucionais.

[184] A nível de fundos ou projetos, as estruturas de *Blended Finance* mobilizam tipicamente 3 dólares de finanças comerciais, por cada dólar de capital concepcional. Para os veículos de Blended Finance, as proporções de mobilização podem ainda ser de 5:1 em setores mais maduros como a energia limpa em países de renda (income) média, e menos de 1:1 em setores de estágio inicial como o uso sustentável de terras. Contudo, as proporções, mesmo dentro

eficiência energética. Muitos veículos cobrem mais do que uma região, mas a maioria tende a focar-se em África, seguida da Ásia e América Latina[185]. Entre 2012 e 2014, o capital privado mobilizado através de *Blended Finance* foi investido em 98 países em desenvolvimento, nomeadamente 39 em África, 29 na Ásia, 19 nas Américas, 10 na Europa[186] e apenas num país na Oceania.

O conceito de *blending* (ou combinação) esteve presente à nossa volta desde há algum tempo. Por exemplo, as tradicionais parcerias público-privadas (PPP) podem ser vistas como um tipo de combinação. No entanto, o modelo típico das PPP envolve uma espécie de relação contratual a longo prazo para serviços subcontratados pelo governo para o setor privado. Por isso, nem todo o *blending* constitui necessariamente uma PPP. Podemos ainda considerar outros exemplos, tais como o financiamento de energia limpa, os créditos de carbono, as *feed-in tariffs* (FIT)[187], e outros subsídios de energia renovável, que fornecem uma década de aprendizagem a nível de mercado[188].

O *Blended Finance* oferece uma oportunidade promissora para o setor privado e pode melhorar o perfil de risco-retorno para atrair investimentos comerciais através da gestão, mitigação ou transferência dos riscos para os financiadores com um maior apetite de risco (por exemplo, públicos ou filantrópicos)[189]. De acordo com o relatório da *Task Force* em *Blended Finance*[190], numa análise a uma amostra de 20 fundos, os retornos esperados apresentaram uma flutuação entre 10% a 20%[191]. Todavia, para uma aná-

---

do mesmo setor, podem variar consideravelmente. Se compararmos com a mobilização de agregados por MDBs - a um nível institucional, o rácio será de 1:1.

[185] Development Initiatives baseadas no survey da OECD *'Amounts Mobilised from the Private Sector by Official Development Finance Interventions'*.

[186] Na OECD, a Turquia é classificada como parte da Europa. A Turquia foi o único maior recipiente de financiamento mobilizado via *Blended Finance* entre 2012 e 2014, recebendo 2,6 mil milhões de dólares durante este período (7% do total). A maior parte destes investimentos foram mobilizados por financiamentos do Banco Europeu para a Reconstrução e Desenvolvimento e os USA.

[187] O FIT é um mecanismo utilizado por políticas públicas, destinadas a acelerar o investimento em tecnologias de energias renováveis por meio da oferta de contratos de longo prazo aos produtores de energias renováveis, normalmente com base no custo de geração de cada tecnologia.

[188] Blended Finance Taskforce, *Consultation Paper.*

[189] Scola B., Lahaye E. (2018) *Navigating the Next Wave of Blended Finance for Financial Inclusion*, CGAP, August.

[190] Blended Finance Taskforce, *Consultation Paper.*

[191] Com uma média de 13%, e que pode variar do veículo dependendo da parcela de risco ou antiguidade do investidor.

lise compreensiva de retornos e *performance* do *Blended Finance*, e para um mapeamento claro da totalidade de fluxos do *blending*[192], observa-se uma limitação de dados disponíveis devido a:

- ausência de registos de *performance* dos fundos (uma vez que muitos dos fundos foram estabelecidos recentemente); e
- deficiências significativas nos sistemas existentes de divulgação dos dados, monitorização e comparabilidade.

Os dados disponíveis atualmente não permitem analisar a divisão do setor de financiamento privado mobilizado através de *Blended Finance* detalhadamente. No entanto, de acordo com a OECD, entre 2012-2014, os investimentos de *Blended Finance* incidiram sobre setores produtivos, nomeadamente: Energia[193] (11 mil milhões de dólares), Indústria, Indústria Mineira e Construção (8 mil milhões de dólares), e Banca e serviços financeiros (7 mil milhões de dólares)[194]. Relativamente aos setores dos transportes e armazenamento, e aos setores de agricultura[195], florestas e pesca, foram investidos 2 mil milhões de dólares e 1,5 mil milhões de dólares, respectivamente. Ao nível do fornecimento de água e saneamento, os valores superaram os 1,3 mil milhões de dólares, e nos setores sociais e saúde, entre 2012-2014, houve um investimento de cerca de 1,3 mil milhões de dólares (com uma diminuição de 32% entre 2013 e 2014). Para o mesmo período, o setor da educação recebeu apenas 29 milhões de dólares deste tipo de fundos (o que equivale a menos de 0,1% do total global).

Na UE[196], e até à data, os projetos de *blending* alavancaram principalmente financiamento proveniente dos Bancos de Desenvolvimento.

---

[192] A OCDE tem estado empenhada em trabalhar no rastreamento do volume mobilizado de financiamento privado por intervenções oficiais de financiamento de desenvolvimento.

[193] Nos últimos 5 anos, o mercado de *Blended Finance* em energia, duplicou em tamanho, principalmente para energia limpa. Este setor, que tem beneficiado do blending por muitos anos, continua a apresentar uma enorme oportunidade para investidores.

[194] Estes três setores combinados contabilizam mais de dois terços do investimento do setor privado mobilizado por *Blended Finance*.

[195] O setor da agricultura e florestas, nomeadamente o uso sustentável do solo, oferece um meio privilegiado para a concretização dos ODS. No entanto, ainda tem muito pouco investimento devido a uma série de obstáculos que limitam esta oportunidade de mercado. O BCDC estima que os novos sistemas de alimentos e agricultura valham 2,3 biliões de dólares em 2030.

[196] Na Comissão Europeia, o *Blended Finance* é definido como "a combinação de Subvenções da UE com empréstimos ou capital de financiamentos públicos e privados".

O setor da energia é claramente o setor mais beneficiado pelos projetos de *blending*. No entanto, nos últimos anos, observou-se uma variedade de setores financiados, incluindo projetos do setor social (principalmente nos setores de habitação e educação) e projetos do setor privado (maioritariamente empreendedorismo e financiamento das PME). Há, portanto um potencial no *blending* da UE para alcançar setores que aparentemente (e de acordo com outros dados), não parecem ser tão visados pelas atividades de *Blended Finance* e que envolvem o setor privado (por exemplo, educação).

Atualmente, o debate sobre o *Blended Finance* centra-se no seu potencial de mobilização de financiamento significativos para a concretização dos ODS. Existe assim uma corrente que defende que o *Blended Finance* oferece uma janela de oportunidade para investidores privados que procuram aumentar a sua exposição nas infraestruturas sustentáveis nos mercados emergentes. Pode assim tornar as oportunidades ainda mais atraentes para investimentos do setor privado, contribuindo para a criação de ativos de elevada qualidade, adequando os desafios específicos a cada setor. Exatamente o que se pretende para que se consigam implementar projetos e produtos e serviços que contribuam para os ODS em várias partes do mundo.

7.4. *Crowdlending*

> *"Queremos dar um papel mais ativo aos cidadãos. Há muito bons projetos nas áreas das energias verdes que acabam por não avançar porque têm falta de financiamento adequado dos bancos ou dos fundos de investimento."*
>
> NUNO BRITO JORGE
> Cofundador da Go Parity, in DinheiroVivo

O *Crowdfunding* (financiamento colaborativo), quer seja peer-to-peer (P2P) e/ou peer-to-business (P2B) têm crescido e desenvolvido a conexão entre as pessoas com o sentido de tornar o acesso ao financiamento mais eficiente, rentável e democrático. Emergindo da inovação em tecnologias, o *Crowdfunding*, possibilitou que empresas, ONGs, projetos e indivíduos obtenham financiamento sem intermediação (ou intermediação limitada) por um grande grupo de pessoas e sem recurso aos serviços da banca tradicional (ou de outra qualquer instituição financeira).

O *Crowdlending*, plataforma de financiamento por empréstimo, é também conhecido por: *Crowdfunding* de débito, *Crowdfunding* de empréstimos ou empréstimos P2B e P2P (bolsa de empréstimos).

Por sua vez, o *Crowdlending* traz investidores (ou pessoas sem qualquer relação entre elas) junto de empresas (ou projetos) que precisem de capital através de uma plataforma (onde há um acesso mais rápido e fácil a um cash flow) em troca de um retorno financeiro (taxa de juros), através de um acordo comercial de empréstimo.

Com o *Crowdlending* P2B assistimos a mais uma (re)volução no mundo dos financiamentos. Com a contração de empréstimos dos grandes bancos após a crise global financeira, o financiamento colaborativo por empréstimo (P2B e P2P), veio preencher uma lacuna com o financiamento colaborativo direto da economia real. Em Portugal, a Comissão do Mercado de Valores Mobiliários (CMVM)[197] aprovou, em 2015, o regime jurídico que regula a atividade destas plataformas e publicou, em 2016, o regulamento.

A proliferação destas plataformas a nível global, demonstram que cada vez mais há credores disponíveis para investir em projetos lucrativos e com benefícios tangíveis para a sociedade e para o ambiente.

Como uma forma disruptiva do sistema financeiro tradicional, o financiamento alternativo e colaborativo está a tornar-se uma tendência global.

Em Portugal, a *Go Parity*[198], uma startup fundada em 2016[199], apresenta-se como a primeira plataforma portuguesa de financiamento coletivo por empréstimo em projetos sustentáveis. Apoia projetos que promovam a sustentabilidade (energias renováveis, eficiência energética ou hídrica, economia circular, etc). Na *Go Parity*, qualquer cidadão pode emprestar dinheiro a uma empresa ou organização sem fins lucrativos[200] para financiar a implementação de um projeto na área da sustentabilidade. No entanto, as suas campanhas estão limitadas para as empresas ou associações que cumpram seis dos Objetivos de Desenvolvimento Sustentável[201]. Um exemplo, e sendo até à data a maior campanha da *Go Parity* e o maior projeto de *Crowdfunding*

---

[197] Regulamento da CMVM nº 1/2016, Financiamento Colaborativo de Capital ou por empréstimo.

[198] O exemplo apresentado tem por base informação pública disponível. Para mais informações, consultar: https://www.goparity.com/pt.

[199] A *Go Parity* teve origem em 2012, mas só 5 anos mais tarde é que conseguiu dar início como resultado de um projeto europeu *Citizen Energy* (www.citizenenergy.com). É uma *spin-off* de um Projeto Europeu e de uma empresa Boa Energia (www.boaenergia.pt).

[200] A *Go Parity* já ajudou empresas e associações a angariar mais de 600 mil euros. O investimento mínimo é de 50 euros por projeto e cada empréstimo tem crédito garantido.

[201] Esta é uma abordagem diferente da plataforma Raize, uma entidade de *Crowdlending* em Portugal (https://www.raize.pt). Recentemente, a *Go Parity* juntou-se à plataforma de investimento verde, *Global Opportunity Explorer.* Para mais informação, consultar: https://goexplorer.org.

de energia em Portugal, é a Cerâmica de Pegões, que conseguiu angariar um total de 275 mil euros para a instalação de um sistema fotovoltaico para autoconsumo nas suas instalações[202].

São também conhecidos outros exemplos de desenvolvimento sustentável suportados por plataformas de *Crowdlending*[203], nomeadamente:

- Em Espanha, o projeto *Viladamat Town Hall* foi financiado através da plataforma ECrowd[204], uma plataforma de *Crowdlending* em projetos com impacte positivo ambiental e social;
- No Reino Unido (o projeto *Swindon Chapel Farm Solar*) foram lançados pelos respetivos municípios.

Como uma forma disruptiva do sistema financeiro tradicional, o financiamento alternativo e colaborativo está a tornar-se uma tendência global.

7.5. *Challenger Banks*

"Banking as you know it is about to become a concept from the past. New technologies, (fintech) startups, changing customer behaviour and regulations force banks to respond and shift to a new era. Five years ago, only techies were occupied with themes such as Blockchain, Fintech and Lean Startup, whereas today these are daily business and an integral part of the bank's corporate strategy."

Medium Corporation

A tecnologia digital veio transformar o modo previamente estabelecido de fazer negócios entre setores, e o setor bancário não é exceção. Com o aparecimento dos bancos *Challenger*, as instituições financeiras que fornecem os serviços de um modo mais tradicional, sentiram uma necessidade e pressão de adaptação e de oferta de serviços mais personalizados e inovadores. De uma forma simplificada, os bancos *Challenger* são bancos com uma oferta digital e usam as tecnologias disponíveis e inovadoras ao serviço dos seus clientes. Usam canais de distribuição digital para fornecer serviços bancários

---

[202] Para informação mais detalhada, consultar: https://www.goparity.com/pt/projeto-ficha/12.

[203] Para mais informação, consultar: https://www.ecrowdinvest.com/blog/en/3-outsanding-sustainable-development-examples/.

[204] Para mais informação, consultar: https://www.ecrowdinvest.com.

(tais como, contas correntes, contas de poupança, empréstimos, seguros, cartões de crédito), apelando a uma melhor experiência do utilizador que pretende fazer as transações bancárias a partir de um telemóvel, por exemplo.[205] Deste modo, são mais flexíveis, mais rápidos na adaptação às necessidades dos utilizadores, mais fáceis de usar e mais pessoais do que os bancos tradicionais.

Em contraste com os bancos tradicionais, os bancos *Challenger* são capazes de incorporar novos produtos muito mais rapidamente e com menos desgaste através de seu modelo de negócios com recurso a plataformas. Assim, pode facilmente fazer a ligação entre os clientes e os novos produtos desenvolvidos por terceiros, dando a possibilidade de mais escolha ao cliente.[206]

O público-alvo dos bancos *Challenger* são essencialmente consumidores com menor rendimento e/ou clientes que apreciam a utilidade de um serviço prático e disponível à distância de um click.

Com um crescente impacte social e económico, estes bancos não só estão a fornecer aos clientes mais opções como também estão a ajudar a impulsionar a inovação e a atender às necessidades de clientes que podem não ser segmentados pelos principais bancos.

Nos últimos anos, os responsáveis pela formulação de políticas têm vindo a incentivar uma maior concorrência no mercado bancário do Reino Unido – para benefício dos clientes e, redução do risco sistemático. O resultado foi um aumento no número de novas licenças bancárias emitidas e o surgimento de novos *players* com novas ofertas e modelos de negócios.[207]

Nos últimos anos, os reguladores "progressistas" da UE facilitaram a obtenção de licenças para os bancos *Challenger* (Atom Bank, Tandem Bank, Monzo, Starling Bank, Revolut – todos baseados no Reino Unido[208]) e N26 com sede na Alemanha).

---

[205] Por exemplo, os bancos Starling, Monzo, Revolut, Atom e Tandem, são todos bancos digitais sem filiais.

[206] The Conversation (2018) Monzo, *Revolut and other Challenger banks are shaking up the industry*, 23 July (Online) Disponível em: https://theconversation.com/monzo-revolut-and-other-*Challenger*-banks-are-shaking-up-the-industry-99564.

[207] De acordo com a PWC, na publicação "Who are you calling a ´*Challenger* bank´?", os 10 maiores bancos *Challenger*, que incluem os principais bancos de médio porte, empregam mais de 35.000 pessoas e atendem mais de 20 milhões de clientes.

[208] A maioria dos bancos (e neobanks) *Challenger* estão no Reino Unido, por duas razões: i) a Grã-Bretanha não está tão saturada com grandes bancos e suas filiais quanto uma nação como os EUA, criando assim uma oportunidade para instituições financeiras não tradicionais; e ii) o Reino Unido foi um dos primeiros a adotar o banco digital, remontando à era das empresas "pontocom" do final dos anos 90 e início dos anos 2000. Esse avanço provavelmente ajudou a liderar a mudança em direção a bancos desafiadores e outros modelos alternativos.

Os bancos *Challenger* também conseguiram expandir-se dentro da UE alavancando o "passaporte" do Espaço Económico Europeu. O passaporte permite que uma empresa licenciada em 1 dos 27 estados membros da UE forneça produtos ou serviços financeiros em outro país sem precisar de mais nenhuma autorização em cada país.

Ao contrário dos bancos tradicionais, os bancos *Challenger* não são sobrecarregados por sistemas legados e estruturas organizacionais pesadas, como as principais operações das filiais. Como a maioria não oferece um conjunto completo de serviços, também são menos prejudicados por requisitos regulamentares. Desde modo, estão a avançar mais rapidamente nos países em desenvolvimento, como China e Índia.[209]

A tendência destes novos fornecedores de serviços foi acelerada pelas recentes mudanças regulamentares no Reino Unido (*Open banking*[210]) e em toda a Europa (PSD2 – a segunda Directiva de Pagamento de Serviços[211]). Tendo entrado em vigor no início de 2018, essas reformas forçam os bancos a compartilhar os dados dos seus clientes com terceiros que possam fornecer serviços financeiros, se os seus clientes o solicitarem. A mudança visa aumentar a concorrência e também desafia a poderosa posição dos bancos tradicionais no mercado, forçando-os a compartilhar clientes com novos participantes.

Em 2017, um banco já estabelecido em *sustainable banking* na Europa por mais de três décadas, entrou na dimensão dos bancos *Challenger* e lançou a sua conta corrente digital para consumidores ("*The Ethical Current Account*"), a qual apresenta algumas características interessantes. O Triodos Bank pretende assim desafiar não apenas os diferentes *players* já estabelecidos no mercado, mas principalmente desafiar a forma como o sistema bancário funciona.

Apesar dos bancos *Challenger*[212] estarem em ascensão, não irão substituir totalmente as instituições financeiras tradicionais. Além de grandes bases de clientes, e apesar da taxa de satisfação dos clientes ser baixa, as instituições financeiras tradicionais têm uma vantagem de marca que implica confiança.

---

[209] Caplain J. (2018) *Taking on the World – The rise of Challenger Banks*, KPMG, January.

[210] O *Open Banking* é uma série de reformas de como os bancos irão tratar da sua informação, requerida pela Autoridade de Competição e Mercados (CMA). Para que o Open Banking fosse uma realidade, entrou em vigor em janeiro de 2018, uma nova regulação, o PSD2 – "*the Second Payment Services Directive*".

[211] Jornal Oficial da União Europeia, Diretiva (UE) 2015/2366 do Parlamento Europeu e do Conselho de 25 de novembro de 2015.

[212] EY (2016) *Challenger Banks Catalogue*, December.

No entanto, o contexto de crise financeira, económica e de confiança nos mercados financeiros sugeriu que a gestão de risco deveria ter uma visão holística da organização, e de ser capaz de compreender as consequências relativamente à cultura na organização, na confiança dos *stakeholders* e sustentabilidade. A realidade é que o sistema bancário tem de mudar, e muitas *Fintech* e bancos *Challenger* ainda não foram capazes de demonstrar um modelo de negócio sustentável.

8. Uma Nova Cultura de Sustentabilidade

Na sequência da crise financeira global, o sistema financeiro passou a ser mais escrutinado, tendo-se iniciado a discussão sobre o propósito do setor financeiro no século XXI. A tecnologia e a inovação permitem também o surgimento de novas formas de promover o financiamento, em particular o financiamento sustentável. Estas mudanças, quer tecnológica quer nas expectativas existentes à volta do propósito do setor financeiro, colocam em discussão o futuro modelo de negócio do setor financeiro bem como os novos agentes que dele farão parte.

Já vimos ao longo deste livro, bem como no anexo, vários bons exemplos de práticas bancárias que evidenciam efetivamente a incorporação dos temas ESG no core business de alguns bancos. No entanto, para muitos, falar de sustentabilidade no contexto de negócio, ainda é um conceito incompreendido e desalinhado com as suas estratégias. De acordo com o *Conduct Costs Project*[213], 20 das maiores instituições bancárias a nível global contabilizou, para o período 2012-2016, 264 mil milhões de libras em custos de conduta. Os números apresentados revelam uma realidade preocupante da *performance* não financeira dos bancos após a crise financeira, e um desalinhamento profundo com a transparência e a conduta ética necessária para se alcançar o Acordo de Paris e os ODS.

---

[213] O *Conduct Costs Project* da CCP Research Foundation (http://conductcosts.ccpresearchfoundation.com) tem vindo a publicar, entre 2012 e 2017 (o primeiro relatório relativo ao reporte dos custos de conduta de 10 bancos entre 2008-2012), os custos de conduta de algumas das maiores instituições bancárias a nível global. O estudo envolve o cálculo, a compilação e análise dos custos de conduta dos bancos, permitindo avaliações comparativas da sua *performance* em questões de cultura e ética. O último relatório do projeto, que apresenta os custos de conduta ocorridos entre 2012 e 2017, revela montantes que atingem os 264 mil milhões de libras. Os custos de conduta (cuja definição está disponível em http://conductcosts.ccpresearchfoundation.com/conduct-costs-definition) são também considerados uma métrica para avaliação da cultura da banca, a gestão de risco (de conduta) e o direito à "licença social". Para mais informações sobre a interpretação dos resultados do projeto, consultar também: Roger McCormick, Tania Duarte & Chris Stears (2016) *Seven deadly sins: "retrospectivity, culpability and responsibility"*, Law and Financial Markets Review, 10:1, 27-37, DOI: 10.1080/17521440.2016.1154297

Além da promoção da existência de regulamentações já evidentes por parte da Comissão Europeia e do *Financial Stability Board*, e perante um aumento da consciencialização da opinião pública e de um maior ativismo dos acionistas e investidores, é expectável que nos próximos anos, os bancos tenham mais cuidado com os temas éticos e com a sua conduta. Alguns dos grandes bancos já têm vindo a trabalhar novos modelos de negócio, sejam eles motivados por regulamentação (nacional e internacional) mais rígida e / ou por clientes mais exigentes e cautelosos. Paralelamente, a revolução digital em torno de tecnologias e dados também está a transformar os processos operacionais das instituições financeiras.

A internalização da *Sustainable Finance* nos modelos de negócio das instituições financeiras implica uma mudança de cultura financeira. Esta mudança de cultura é um processo de longo prazo que envolve toda a organização, exigindo transparência, renovação de competências e alinhamento apropriado de incentivos, e (re) posicionamento da organização no espectro de sustentabilidade. Contudo, se ambicionamos que a sustentabilidade esteja na essência das instituições financeiras, e apesar de requerer um certo nível de estimulo regulatório e de incentivos, a principal mudança recai sobre a definição do propósito e dos deveres do Conselho de Administração e, em cascata, de todos os colaboradores das instituições.

Um setor financeiro sustentável, não só precisa de investidores responsáveis e sustentáveis, como também de financeiros "sustentáveis". Estes financeiros sustentáveis têm de conscientemente compreender o seu papel como promotores de uma mudança cultural, têm de ser capacitados para tal e têm de ver, na prática, essa mudança a ocorrer. Como tal, os sistemas de avaliação de desempenho bem como a lógica para calcular os incentivos financeiros associados à remuneração variável e/ou bónus que cada colaborador poderá receber anualmente dependendo do seu bom desempenho, necessita de estar alinhado com a *Sustainable Finance.* Esse alinhamento tem também de ser visível nas estruturas de topo dos bancos, quer nas suas remunerações quer nas suas práticas efetivas do dia-a-dia. Para que este alinhamento surja de forma natural, será necessário promover-se e ensinar-se novos métodos de gestão com o enfoque na consciência de cada uma, na responsabilidade para com a sociedade que cresce com o poder que se ganha com a progressão profissional, na empatia e no propósito que cada um de nós tem na vida. Será necessário trazer-se para as finanças alguma componente filosófica para que consigamos estar ligados às pessoas e à realidade, e ter consciência dos impactes, bons ou maus, que estamos a gerar nos outros. O desapego ao pensamento filosófico, que caracteriza o ensino da gestão, economia e finanças, origina um desapego profundo entre o eu como gestor, e o eu como cidadão. E tal esquizofrenia não é saudável para ninguém.

Como já referimos na introdução deste livro, há uma resistência inerente à mudança por parte da maioria dos Homens e das Mulheres. Como tal, promover uma mudança de cultura, em particular em setores conservadores e fechados como o setor financeiro devido ao enraizamento e permanência temporal de culturas padrão, constitui um dos maiores desafios que o setor financeiro enfrenta atualmente. Esta dificuldade ocorre também devido ao facto de a cultura ser essencialmente desenvolvida por princípios e valores pessoais dos indivíduos, que estarão mais receptivos a uma mudança pessoal, genuína e que prevaleça no tempo, se experimentarem novas formas de obter resultados e tiverem sucesso nas mesmas. É por isso essencial que esta mudança cultural profunda se inicie com a existência de um sistema de avaliação e de remuneração que reflita esta mudança em prol da *Sustainable Finance.*

Uma nova cultura de sustentabilidade será, portanto, um catalisador para reconectar a cultura financeira à economia real, clientes, cidadãos e demais *stakeholders*, e consequentemente, promover o crescimento sustentável.

Anexo - *Case Studies*[214]

Triodos Bank: *Transparência e Reporting*

O Triodos Bank[215] é um dos principais bancos sustentáveis do mundo, com um modelo de negócios simples e diferente no sector. Foi estabelecido na Holanda em 1980[216], e em 1990 lançou o 1.º fundo verde na Europa, desenvolvendo um conhecimento antecipado em energia verde. Atualmente tem bancos na Bélgica, França, Alemanha, Reino Unido e Espanha. As operações na Holanda, Alemanha e Espanha já tinham contas correntes e o banco do Reino Unido deu o passo principal de lançar as suas próprias contas para complementar os seus produtos de poupança e investimento existentes.

O Triodos defende que os bancos podem causar um impacte positivo, e apresenta como valores chave: Sustentabilidade, Transparência, Excelência e Empreendorismo.

O Triodos foi ajustando as suas comunicações com os stakeholders ao longo do tempo e, em 2007, adicionou ao seu site um mapa interativo que mostra a localização dos investimentos do banco[217]. Com um padrão elevado de transparência, permitiu que os clientes e outros stakeholders visualizassem cada empréstimo, assim como estabelecer uma ligação a informações especificas sobre o negócio dos clientes do Triodos.

O Triodos acredita que o setor bancário sustentável depende da confiança, por isso publica detalhes de cada organização, a quem empresta e onde investe, o que significa que os clientes e os investidores podem ser informados de como é que o seu dinheiro esta a ser usado, de forma responsável.

---

[214] Os Case Studies apresentados têm por base informação pública disponível.

[215] História do Triodos Bank: https://www.triodos.com/en/about-triodos-bank/who-we-are/history/.

[216] Com 540,000 euros no capital social de uma start-up e uma licença completa do Banco Central Holandês, começou a operar na Holanda.

[217] Para mais informações, consultar: https://www.triodos.com/en/about-triodos-bank/.

Barclays: *Serviços e produtos verdes para Clientes Corporativos*

> *"I think green finance will continue to go mainstream. Finance is the lifeblood of the economy, and as the economy becomes greener and more sustainable – driven by regulation and consumer expectation and the consequences of resource scarcity – Sustainable Finance will become the norm."*
>
> Dr Rhian-Mari Thomas,
> Diretor Geral e Presidente do *Barclays Green Banking Council*

Com a missão de "Criar Oportunidades para crescer", o Banco Barclays[218], um dos 5 maiores bancos do Reino Unido, anunciou em dezembro de 2017, o lançamento de um conjunto de produtos de financiamento verde.

Estes produtos foram criados para ajudar os clientes a financiarem projetos mais sustentáveis no Reino Unido (e no resto do mundo), e a apoiar a transição para uma economia de baixo carbono. Assim, estão disponíveis os seguintes produtos:

- Empréstimos verdes no Reino Unido (para projetos elegíveis de acordo com a *Green Product Framework*[219], os quais requerem um empréstimo com valor superior a 3 milhões de libras) e internacionais (destinado a clientes internacionais com o propósito de investimento em projetos verdes em todo o mundo);
- Depósitos Verdes, os quais permitem que os maiores clientes do banco reservem fundos que depositam contra os investimentos do Barclays em Obrigações Verdes;
- Financiamento de Ativos Verdes, o qual permite o acesso aos clientes de formas mais flexíveis de financiamento de ativos que suportam exclusivamente iniciativas verdes qualificadas de acordo com a *Green Product Framework*;

---

[218] O Banco Barclays é um dos 16 bancos participantes no projeto piloto em colaboração com a UNEP FI e a Acclimatise. Neste projeto, os bancos propuseram-se a desenvolver e testar uma abordagem baseada em cenários para estimar o impacte das mudanças climáticas nos seus portefólios de empréstimo corporativos, conforme recomendado pela TCFD.

[219] A *Green Product Framework* foi desenvolvida pelo Barclays, em colaboração com a *Sustainalytics* (fornecedor global de pesquisas e classificações ambientais, sociais e de governance.). A *Green Product Framework* pode ser consultada em: https://www.home.barclays/content/dam/barclayspublic/docs/Citizenship/BAR_GreenProductFramework.p1.p1.pdf.

- Financiamento de Inovação Verde[220], para empréstimos (até 5 milhões de libras) de todas as formas de atividades de inovação, que resultam ou visam melhorar significativamente a proteção ambiental.

A *Green Product Framework* tem como objetivo identificar projetos com impacte ambiental positivo e, como tal, poderão qualificar-se para obterem empréstimos verdes (projetos focados em eficiência energética, energia renovável, transporte verde, alimentação sustentável, agricultura e silvicultura, gestão de resíduos, água sustentável e outras atividades Inter setoriais[221]). Esta *framework* permite também o desenvolvimento de produtos financeiros com rótulo verde.

Similarmente, em abril de 2018, o Barclays apresentou a Hipoteca de Casa Verde ("*Green Home Mortgage*"), através da qual o banco recompensa os clientes com uma taxa de hipoteca mais baixa em determinados negócios quando compram uma nova casa eficiente em termos de energia (ou seja, para uma nova construção deverá ter uma classificação de energia A ou B). O Barclays é o primeiro grande banco do Reino Unido a oferecer um produto de Hipoteca Verde.

Santander: *Fundos de Investimento Sustentável e Responsável*

O Banco Santander, tendo já celebrado mais de 160 anos, é considerado pelo *Dow Jones Sustainability Index*, em 2018, como o terceiro banco[222] mais valorizados do mundo em gestão sustentável e o primeiro na Europa. Atualmente, 40% das principais iniciativas internacionais de sustentabilidade realizadas pelo Banco Santander seguem os critérios do *International Social Responsible* (ISR).

---

[220] O financiamento de Inovação Verde, é apoiado pelo Mecanismo de Garantia às PME InnovFin, com o apoio financeiro da União Europeia ao abrigo dos instrumentos financeiros Horizonte 2020 e do Fundo Europeu para Investimentos Estratégicos (FEIE), estabelecido no âmbito do Plano de Investimento para a Europa.

[221] As atividades intersetoriais incluem o financiamento de energia de carbono.

[222] O Banco Santander integra os índices DJSJ World e DJSJ Europe desde 2000. Em 2018, os índices DJSJ World e DJSJ Europe atribuíram a maior pontuação possível (100) à inclusão financeira do Santander, eficiência energética e outros aspetos importantes da gestão de sustentabilidade do banco. O Banco Santander subiu seis posições em relação ao ranking de 2017, sendo este o seu melhor resultado até hoje.

O Santander também está incluído em outros índices do mercado de ações que analisam e avaliam os esforços de empresas na área de sustentabilidade, como o *FTSE4Good* ou o *Bloomberg Gender-Equality Index*.

Com o objetivo de contribuir para o progresso económico e social de pessoas e empresas de forma responsável e sustentável[223], e se tornar uma referência em Espanha na categoria de Sustainable Investment Funds, o Banco Santander lançou dois fundos internacionais mistos, parte da gama *Santander Sostenible*[224], com perfis de riscos distintos focados em ambiente, sustentabilidade e *governance*:

- Fundo *Santander Sostenible* 1 – composto por instrumentos mistos de renda fixa internacional, o qual se destina a investidores com perfil conservador (75% investidos em renda fixa pública ou privada, no mínimo, e os demais 25% em património líquido);
- Fundo *Santander Sostenible* 2 – destina-se a investidores com um perfil de risco mais alto (55% no património, e o restante em renda fixa).

Os portefólios incluirão "obrigações verdes", fundos temáticos e investimento em ativos fora do mercado europeu.[225] E, são construídos após a realização de uma análise completa do universo de investimento, tendo por base os resultados obtidos através de um elevado número de indicadores ESG. Esta análise é acompanhada por uma avaliação financeira com o objetivo de selecionar ativos com os maiores retornos que fornecem as melhores perspetivas de financiamento sustentável, ambiental e social.

Com o lançamento destes fundos, o Santander reforça assim o seu apoio ao investimento sustentável e responsável.

BBVA: *Pledge 2025*

O BBVA[226] assume-se atualmente como um líder da Europa em *Sustainable Finance*. O Grupo oferece serviços especializados em soluções de financia-

---

[223] Santander, Press Room (2018) *Santander launches the first ranges of sustainable investment funds in Spain*, 29 January.

[224] O leque de fundos do *Santander Sostenible* conta com uma equipe sólida de cinco gerentes que reflete os pontos fortes e as capacidades do *Santander Asset Management*, que oferece soluções de investimento, equidade e renda fixa.

[225] Por exemplo, o stock market dos EUA e alto rendimento ou dívida emergente, entre outros.

[226] O banco foi o mais ativo 'bookrunner' em 2017 na Península Ibérica, e tornou-se um ator global chave através da prestação de serviços de assessoria, colocação e estruturação

mento sustentável (obrigações ou empréstimos), e desempenha um papel fundamental no desenvolvimento desses mercados.

O banco apresentou recentemente a sua estratégia em torno das mudanças climáticas e do desenvolvimento sustentável – *Pledge 2025*[227], que ajudará o BBVA a alinhar a sua atividade a um cenário de 2°C e a encontrar um equilíbrio entre investimentos em energia sustentável e combustíveis fósseis, baseado em três linhas de ação:

- Financiar

Com uma promessa de mobilização de 100 mil milhões de euros entre 2018 e 2025, em finanças verdes, infraestruturas sustentáveis, empreendedorismo social e inclusão financeira até 2025, o BBVA compromete-se a criar a escala de mobilização de capital para deter as mudanças climáticas globais e alcançar os Objetivos de Desenvolvimento Sustentável da ONU.

- Gerir

O BBVA compromete-se a mitigar os seus próprios riscos ambientais e sociais e minimizar os impactes potencialmente negativos, diretos e indiretos. Como meta para os seus impactes ambientais diretos, o banco apresentou como metas a atingir: aumento em 70% de fornecimento de energia através de fontes de energia renovável e redução de 68% das suas emissões diretas de gases com efeito de estufa (tendo por base valores de 2015), até 2025.

O BBVA divulgou também a sua total exposição a ativos relacionados com carbono (3,4% do total de ativos), e pretende integrar no seu compromisso as novas normas para direitos humanos e ambiente, e nos setores: mineiro, energia, infraestruturas e agricultura.

- *Engagement*

O BBVA promete envolver todos os *stakeholders* para promover coletivamente a contribuição da indústria financeira para o desenvolvimento sustentável. Paralelamente, irá implementar as recomendações da TCFD em *governance*, estratégia, risco de risco, métricas e objetivos.

---

de títulos verdes para vários clientes no México, Estados Unidos e Europa, em moeda local, euros e dólares.

[227] BBVA (2018) *2025 Pledge: BBVA Strategy on climate change and sustainable development.*

Tendo sido uma das instituições Europeias mais ativas em *Sustainable Finance*, o banco BBVA foi o primeiro banco espanhol a comprometer-se com a *Science Based Targets Initiative*[228], para certificar que as metas de emissão são consistentes com o nível de descarbonização necessário para atingir a meta de 2°C estabelecida para 2050.

Com o "Pledge 2025", e a missão de "*to bring the age of opportunity to everyone*", o banco BBVA afirma a sua posição em *Sustainable Finance* e ilustra que, a transição para uma economia mais sustentável alinhada com a criação de valor para o banco e para os seus *stakeholders*, é atingível.

ING: *A abordagem "Terra"*

O ING[229], com um portefólio de empréstimos acima dos 500 mil milhões de euros em muitos setores[230], apoia clientes e negócios sustentáveis na transição para uma economia de baixo carbono. Em parceria com a *2.º Investing Initiative* (2°ii)[231], uma think tank global para pesquisar métricas relacionadas com o clima nos mercados financeiros, desenvolveram a abordagem "Terra", a qual se concentra nos setores com maior incidência nas emissões de gases com efeito de estufa[232].

A aplicação do "Terra"[233] a estes setores permite ao ING identificar os clientes que estão a liderar a transição para uma economia de baixo carbono, bem como aqueles que mais precisam da ajuda do banco. Como essas informações, o ING pode concentrar-se nas mudanças necessárias para o setor como um todo, e, consequentemente, na proporção do seu portefólio de empréstimos (nos investimentos e desinvestimentos necessários para os seus clientes – existentes ou potenciais).

---

[228] Para mais informação, consultar: "https://sciencebasedtargets.org.

[229] O ING Group é uma empresa multinacional holandesa que presta serviços bancários e financeiros, sediada em Amesterdão. ING é a abreviatura para Internationale Nederlanden Groep.

[230] O ING começou recentemente a direcionar o seu portefólio de empréstimos para o cumprimento da meta abaixo dos 2°C estabelecida no Acordo de Paris.

[231] A *2° Investing Initiative* é apoiada por órgãos Europeus, incluindo a Comissão Europeia e vários governos europeus. É também apoiado por académicos, grupos de especialistas e organizações da sociedade civil. Para mais informação: https://2degrees-investing.org.

[232] Estes setores são: Energia (incluindo petróleo, gás, energias renováveis e convencionais), Automóvel, Transporte marítimo e aéreo, Aço, Cimento, Residenciais e Imóveis comerciais.

[233] ING, *Sustainable Business*, Terra Approach (Online) Disponível em: https://www.ing.com/Sustainability/Sustainable-business/Terra-approach.htm.

Esta abordagem complementa outras formas que o ING está a por em prática em combate às alterações climáticas, nomeadamente o seu compromisso de redução da sua exposição ao carvão para "próximo do zero" até 2025[234], e a forma como o seu empréstimo de melhoria sustentável recompensa as empresas tendo por base o seu desempenho em sustentabilidade.

A abordagem "Terra" funciona em quatro etapas:

1. Uso de cenários para os setores responsáveis pela maioria das emissões de gases com efeitos de estufa. Uma ferramenta de IT compara os dados dos cenários do setor aos dados sobre a tecnologia que os clientes[235] estão a usar atualmente e planeiam usar no futuro. Eles descrevem qual tecnologia deve mudar, em quanto e quando manter a elevação das temperaturas globais abaixo de dois graus;
2. Medição da mudança necessária na tecnologia em relação à tecnologia real que os clientes estão a usar agora, e aquela que planeiam usar no futuro;
3. Apoio aos clientes num caminho para um futuro sustentável e apoio a potenciais clientes que estão a contribuir para a mudança de tecnologia necessária;
4. Monitorização dos empréstimos para verificar o seu alinhamento com a mudança para uma sociedade de baixo carbono.

Num esforço de eficácia coletiva no combate às alterações climáticas, e de benefício para a indústria[236], o "Terra" é *open source*. O ING mostra-se confiante de que esta abordagem terá um impacte valioso e que contribuirá para financiar a mudança que o mundo precisa para avançar para uma economia de baixo carbono.

---

[234] Em 2017, o ING deu um passo decisivo (com efeito imediato) no apoio da transição para uma economia de baixo carbono. Assim, decidiu acelerar a redução do seu financiamento para as atividades dependentes de carvão, ambicionando reduzir a sua exposição a "próximo de zero" em 2025. A redução de exposição a "próximo de zero" significa a redução de exposição a um nível de materialidade para a atividade de carvão num máximo de 5%. Note-se que este é também o limiar utilizado no investimento socialmente responsável na avaliação da materialidade de uma determinada atividade.

[235] Os dados dos clientes vêm de bancos de dados globais que rastreiam empresas públicas e privadas de várias dimensões em todo o mundo, nos setores com maior influência nas emissões de gases de efeito estufa. Isso torna o processo mais fácil para os clientes, uma vez que eles não precisam fornecer nenhum dado por conta própria.

[236] O ING defende que a existência de um padrão em toda a indústria seria benéfica para além de aumentar a transparência.

Bibliografia

ABN AMARO, ING, Rabobank (2018) Circular Economy Finance Guidelines, Amsterdam, July.

ADNAN H. (2013) BIOBORNEO 2013: Delivering the Borneo Bioeconomy Innovation. Kota Kinabalu, Institute of Strategic and International Studies (ISIS) Malaysia, 19-20 February.

AHRENS, M., and LANGER, D. (2008) Lender liability under CERCLA. Bloomberg Corporate Law Journal. Vol. 3, pp.482-493.

BARCLAYS (2017) Green Product Framework, August.

BBVA (2018) 2025 Pledge: BBVA Strategy on climate change and sustainable development.

BCSD Portugal (2017) Guia para apoiar as empresas a reportar os indicadores ESG

BERNOW B., KLEMPNER B, MAGNIN C. (2017) From "why" to "why not": Sustainable Investing as the new normal, McKinsey&Company, October.

BLENDED FINANCE TASK FORCE (2018), Better Finance, Better World, Consultation Paper on the *Blended Finance* Task Force, in partnership with the Business and Sustainable Development Commission and SYSTEMIQ.

BOUMA, J. JEUCKEN, M., and KLINKERS, L. (2001) Sustainable Banking. Greenleaf Publishing Limited.

BOYER, M., and LAFFONT, J. (1994) Environmental risks and bank liabilities. Cirano, scientific series, N. 94s-22

BUSINESS AND THE UNITED NATIONS (2015) Working Together Towards the Sustainable Development Goals: A Framework for Act

CAMBRIDGE INSTITUTE FOR SUSTAINABILITY LEADERSHIP (2014) The Value of Responsible Investment – The moral, financial and economic case for action.

CAPITAL MARKETS UNION (2016) Accelerating Reform, Comunicação da Comissão do Parlamento Europeu, Bruxelas, 14 Setembro

CAPLAIN J. (2018) Taking on the World – The rise of *Challenger* Banks, KPMG.

CARNEY M. (2016) The Sustainable Development Goal Imperative, remarks given at United Nations General Assembly, High-Level Thematic Debate on Achieving the Sustainable Development Goals, New York.

CARNEY M. (2018) A Transition in Thinking and Action, International Climate Risk Conference for Supervisors, Speech, Amsterdam, 6 April.

CARNEY M., (2015) Breaking the tragedy of the horizon – climate change and financial stability, London, 29 September.

CCP Research Foundation (2017) *Conduct Costs Project* Report 2017, September.

Cherneva I. (2012) The Business Case for *Sustainable Finance*, Routledge Studies in Ecological Economics.

Clark, Feiner and Viehs (2014) From the stockholder to the stakeholder – How sustainability can drive financial outperformance, University of Oxford and Arabesque Partners, September.

Clements-Hunt P. (2012) Financial Stability and Systemic Risk: Lenses and Clocks, IISD, The Blended Capital Group and UNEP FI, June.

Clements-Hunt P., Kay S., Lie V., Noble G., Nolan M (2018) Investing in Communities Futures, FenElpi Partners Publishing.

Climate Bonds Initiative (2018).

Climate Bonds Initiative (2018) Green Bonds Highlights 2017, January.

Climate Bonds Initiative (2018) The green bond market in Europe.

CMVM (2016), Regulamento da CMVM n.o 1/2016 Financiamento Colaborativo de capital ou por empréstimo.

Comissão Europeia (2012) Innovating for sustainable growth - A bioeconomy for Europe.

Comissão Europeia (2016). Jornal Oficial da União Europeia. Regulamento 2016/1011 do Parlamento Europeu e do Conselho, relativo aos índices utilizados como índices de referência no quadro de instrumentos e contratos financeiros ou para aferir o desempenho de fundos de investimento e que altera as Diretivas 2008/48/CE e 2014/17/UE e o Regulamento (UE) n.o 596/2014.

Comissão Europeia (2018) Comunicado de Imprensa sobre Orçamento da UE: Desenvolvimento regional e Política de Coesão para além de 2020.

Comissão Europeia (2018) Plano de Ação: Financiar um crescimento sustentável.

Comissão Europeia (2018) Proposal for a Regulation of the European Parliament and of the Council on the establishment of a framework to facilitate sustainable investment.

Comissão Europeia (2018) Proposal for a Regulation of the European Parliament and of the Council on on disclosures relating to sustainable investments and sustainability risks and amending Directive (EU) 2016/2341.

Comissão Europeia (2018) Proposal for a Regulation of the European Parliament and of the Council on on amending Regulation (EU) 2016/1011 on low carbon benchmarks and positive carbon impact benchmarks.

Cooper, R. (1999) Banking and the Environment, in Views on the Environment: workshop report. Financial sector environmental forum and Economic & Social Research Council.

Coulson, A. (2009) How should banks govern the environment? Challenging the construction of action versus veto, Business Strategy and the Environment. Vol. 19, pp. 149-161.

Coulson, A., and Monks, V. (1999) Corporate environmental performance considerations within banking lending decisions, Eco-Management and Auditing Review 6, 1-10.

Development Initiatives (2016) *Blended Finance*: Understanding its Potential for Agenda 2030, November.

EU High-Level Expert Group on *Sustainable Finance* (2017) Financing a Sustainable European Economy, Interim Report, July.

EY (2016) *Challenger* Banks Catalogue, December.

Friede G., Busch T., Bassen A. (2015) ESG and financial performance: aggregated evidence from more than 2000 empirical studies, Journal of *Sustainable Finance* & Investment, 5:4, 210-233, DOI: 10.1080/20430795.2015.1118917.

G20 Green Finance Study Group (2016) G20 Green Finance Synthesis Report.

GABV (2014) Real Economy – Real Returns: The Business Case for Sustainability Focused Banking.

GABV, Finance Watch and M2020 (2017) New pathways: Building blocks for a *Sustainable Finance* future for Europe, November.

Global and European Green Finance Policy Directory, December 2017.

Global Sustainable Investment Alliance (2017) Global Sustainable Investment Review 2016, March.

GRI, UN Global Compact, WBCSD, SDG Compass: Diretrizes para implementação dos ODS na estratégia dos negócios.

Gunn G., Stanley M. (2018) Using Financial Technologies for a More Sustainable Planet, 14 June.

HaBler R., Jung T. H. (2015) In Principle Good: The Principles for Responsible Investment, Responsible Investment Banking, CSR, Sustainability, Ethics & *governance*, Springer International Publishing, Springer International Publishing Switzerland.

Hebb T., Hawley J., Hoepner A., Neher A., Wood D. (2016), The Routledge Handbook of Responsible Investment Routledge Companions in Business, Management and Accounting, Taylor&Francis.

Huber B. M., Comstock M., Davis Polk & Wardwell LLP (2017) ESG Reports and Ratings: What They are, Why they Matter, Harvard Law School Forum on Corporate *governance* and Financial Regulation, July.

ICMA (2018) Green Bond Principles.

ICMA (2018) Social Bond Principles.

ICMA (2018) Sustainability Bond Principles.

ICMA (2018), Green & Social Bond Market Update.

Inquiry: Design of a Sustainable Financial System (2016) *Sustainable Finance*: A critical Analysis of the regulation, policies, strategies, implementation and reporting in sustainability in International Finance, February.

J. K.Galbraith (1954), The Great Crash of 1929.

Krosinsky C., Robins N. (2008) Sustainable Investing – The Art of Long-term performance, Earthscan.

Krosinsky C., with Robins N. and Viederman S. (2012) Evolutions in Sustainable Investing, John Wiley & Sons.

MAOTE (2015) Compromisso para o Crescimento Verde.

Martin S. (2018) Banks begin to model climate risk in loan portfolios, Risk.net, 16 January.

McCormick R., Duarte T. and Stears C. (2016) Seven Deadly Sins: ´Retrospectivity, Culpability and Responsibility´, Taylor&Francis, Law and Financial Markets Review, 26 April.

McCormick R., Stears C. (2018) Legal and Conduct Risk in the Financial Markets, 3rd edition, Oxford University Press.

McKinsey & Company (2017), From ´why´ to ´why not´; Sustainable investing as the new normal, October.

Melas D., Nagy Z., Kulkarni P. (2016) Factor investing and ESG integration, MSCI, November.

Mooij S. (2017) The ESG Rating and Ranking Industry, The Issue of [ESG] Reporting Fatigue.

Nelson G. (2018) EU Expert Group Provides Recommendations for *Sustainable Finance*, SDG Knowledge Hub, IISD, 6 February.

OECD (2018) OECD DAC *Blended Finance* Principles for Unlocking Commercial Finance for the Sustainable Development Goals, January.

OECD e World Economic Forum (2015) A How-to Guide for *Blended Finance* – A practical guide for Development Finance and Philanthropic Funders to Integrate *Blended Finance* best practices into their organizations, September. Acesso: http://www3.weforum.org/docs/WEF_Blended_Finance_How_To_Guide.pdf

Philips J., Hierzig S. (2018) Banking on Low Carbon, ShareAction, July.

Resolução do Conselho de Ministros n.º 190-A/2017. Diário da República n.º 236/2017, 2º Suplemento, Série I de 2017-12-11.

Robins N., Bursting V., Wood D. (2018) Investing in just Transition: Why investors need to integrate a social dimension into their climate strategies and how they could take action, Policy Insight, Grantham Research Institute on Climate Change and the Environment, June.

Rocha, I. e Santos, S. (2018) A Chance to Change - O Acordo de Paris e o Modelo de Crescimento Verde, Plátano Editora.

Rockefeller Philantropy, Impact Investing, an Introduction.

Rt Hon Gordon Brown MP (2011) Achieving Sustainable Growth, Wealth Creation and Poverty Reduction, presentation to the UNSG's High Level Panel on Sustainability, UNHQ, 18 September.

Sachs, J., Schmidt-Traub, G., Kroll, C., Durand-Delacre, D. and Teksoz, K. (2017) SDG Index and Dashboards Report 2017, Bertelsmann Stiftung and Sustainable Development Solutions Network (SDSN), New York.

San-Jose, L., Retolaza, J.L. & Gutierrez-Goiria, J. (2011) Journal of Business Ethics, vol. 100 issue 1, 151-173.

Santos, S. (2012), A Banca Portuguesa e a Economia Verde, Bnomics.

Santos, S. (2015), A Banca tem Coração?, Bnomics.

Santos, S. (2016), Introdução á Economia Verde, Plátano Editora.

Sarokin, D., and Schulkin, J. (1991) b. Environmentalism and the right to know, expanding the practice of democracy, Ecological Economics, Volume 4.

Scola B., Lahaye E. (2018) Navigating the Next Wave of *Blended Finance* for Financial Inclusion, CGAP, August.

Skroupa C. (2017) High ESG Performance Translates into high financial performance, Forbes, June.

Sullivan G. (2018) ESG Integration on the Rise: And how to implement it in your portfolio, By Global Head of Alternative Investment Solutions, April.

SustainAbility (2018) Rate the Raters 2018: Ratings Revisited, March

TCFD (2017) Recommendations of the Task Force on Climate-related Financial Disclosures, June.

The Collevecchio Declaration on Financial Institutions and Sustainability. Acesso: https://www.banktrack.org/download/collevechio_declaration/030401_collevecchio_declaration_with_signatories.pdf

The Conversation (2018) Monzo, Revolut and other *Challenger* banks are shaking up the industry, 23 July.

UN Environment and Inquiry: Design of a Sustainable Financial System (2018) Making Waves: Aligning the Financial System with Sustainable Development, Executive Summary, April.

UN Environment, Inquiry: Design of a Sustainable Financial System and Corporate Knights (2017), Financial Centres for Sustainability – Reviewing G7 Financial Centres in Mobilizing Green and *Sustainable Finance*, June.

UN PRI (2018) Annual Report 2018.

UN PRI (2018), What are the Principles for Responsible Investment?

UN PRI, What is Responsible investment?, About the PRI.

UNEP (2009) Global Green New Deal, Policy Brief.

UNEP (2011) Towards a Green Economy: Pathways to Sustainable Development and Poverty Eradication.

UNEP FI (2016) Guide to Banking and Sustainability Edition 2, October.

UNEP FI (2018) Principles for Responsible Banking, Implementation Guidance, Working Draft, 11 July.

UNEP FI and Acclimatise (2018) Navigating a New Climate: Assessing credit Risk and opportunity in a changing climate: Outputs of a working group of 16 banks piloting the TCFD Recommendations, Part 2: Physical Risks and Opportunities, July.

UNEP FI Statement.

UNEP FI, Oliver Wyman and Mercer (2018) Extending our Horizons: Assessing credit Risk and opportunity in a changing climate: Outputs of a working group of 16 banks piloting the TCFD Recommendations, Part 1: Transition-related Risks and Opportunities, April.

UNEP Inquiry (2015) The financial system we need – Alignment of the financial system with the sustainable development, October.

UNEP Inquiry (2015) Values Based Banking, ringing the Voice of the citizen into finance, August.

UNEP Inquiry (2016) G20 Green Finance Synthesis Report, 5 September.

UNEP Inquiry (2016) The Financial system we need – from momentum to transformation, 2nd edition, October.

UNEP, World Bank (2017) Roadmap for a Sustainable Financial System, November

UNFCCC (2017) How *Blockchain* Technology Could Boost Climate Action, 1 June.

UNGC, UNEP FI, PRI e Inquiry – Design of a Sustainable Financial System (2016) O dever fiduciário no século XXI.

Weber O., Feltmate B. (2016) Sustainable Banking: Managing the Social and Environmental Impact of Financial Institutions, University of Toronto, Rotman-UTP Publishing - Business and Sustainability.

Wendt K. (Editor) (2015) Responsible Investment Banking – Risk Management Frameworks, Sustainable Financial Innovation and Softlaw Standards, Springer International Publishing, Switzerland.